Cuenta conmigo

Cuenta conmigo

*Conmovedoras historias de
hermandad y
amistades incondicionales*

Las Comadres Para Las Américas
Editado por Adriana V. López

ATRIA ESPAÑOL
Nueva York   Londres   Toronto   Sídney   Nueva Delhi

ATRIA ESPAÑOL

A Division of Simon & Schuster, Inc.
1230 Avenue of the Americas
New York, NY 10020

Primera edición en rústica de Atria Español, enero de 2013

ATRIA ESPAÑOL y su colofón son sellos editoriales de Simon & Schuster, Inc.

Para obtener información respecto a descuentos especiales en ventas al por mayor, diríjase a Simon & Schuster Special Sales al 1-866-506-1949 o a la siguiente dirección electrónica: business@simonandschuster.com.

La Oficina de Oradores (Speakers Bureau) de Simon & Schuster puede presentar autores en cualquiera de sus eventos en vivo. Para más información o para hacer una reservación para un evento, llame al Speakers Bureau de Simon & Schuster, 1-866-248-3049 o visite nuestra página web en www.simonspeakers.com.

Diseñado por Jill Putorti

Impreso en los Estados Unidos de América

10 9 8 7 6 5 4 3 2 1

ISBN 978-1-4516-9971-5
ISBN 978-1-4516-9973-9 (ebook)

A mi esposo Jack Bell que ha hecho posible el éxito de
Las Comadres Para Las Américas a través
de su constante apoyo.

A mis madres Sofía Flores de Hoyos, quien me formó,
y a Enriqueta Flores de la Garza quien me dio a luz.

A mis mellizos Paul y Ariel Comstock
quienes me inspiran día tras día.

CONTENIDO

INTRODUCCIÓN

No cabe duda que las relaciones de las mujeres son únicas y es única también la organización a la que le hemos dado el nombre de Las Comadres Para Las Americas®. Un estudio de la UCLA que representa un hito, determinó que ayudar a una amiga es la respuesta natural de la mujer al estrés. Se dice que estas amistades pueden traernos paz, satisfacer los vacíos emotivos de nuestras relaciones románticas y ayudarnos a recordar lo que tenemos en lo más hondo de nosotras mismas. Las mujeres somos una fuente de energía unas para otras. Y a pesar de nuestras recargadas agendas, como mujeres necesitamos un espacio para descansar durante el que podamos sostener conversaciones profundas como las que tenemos cuando nos reunimos con otras mujeres. Sin esta posibilidad, nos debilitamos.

Las Comadres Para Las Americas permite a las mujeres contar con ese tiempo y ese espacio, pero otra razón por la cual la organización resuena con miles de latinas se debe a un término del idioma español que nos distingue: *comadres*. Es un término que abarca algunas de las relaciones más complejas e importantes que se dan entre las mujeres. Las comadres son amigas íntimas, confidentes, compañeras de trabajo, asesoras, vecinas y madrinas de nuestros hijos. El término se utiliza también para describir a las parteras y es posible que no haya otro momento más íntimo que aquel en el que se ayuda a otra mujer a traer un hijo al mundo. El término comadre es en realidad un término y un concepto poderoso y sus connotaciones son únicas en la cultura latina. Todas las latinas reconocen la definición más común del término comadre; la que se refiere a la amistad y a la camaradería. Las comadres son las mujeres en las que saben que pueden contar, a las que pueden acudir para buscar consejo y ayuda cuando lo necesitan. Las comadres que forman parte del grupo Las Comadres Para Las Americas constituyen un sistema de apoyo que las mujeres han creado para ellas mismas en los aspectos personales y profesionales.

Las comadres adquieren un especial nivel de importancia para las latinas que viven en un mundo anglo —además de servir como fuente de tranquilidad, comprensión e inspiración— estas mujeres constituyen también un vínculo directo con su patrimonio cultural y familiar. A veces, cuando la familia de la mujer se encuentra lejos o representa un motivo de estrés para su vida diaria, el grupo de las comadres se convierte en una familia sustituta que no juzga. La amistad de las comadres puede también desarrollarse entre personas no latinas que valoran la apertura y la calidez latina en su forma de demostrar afecto.

Además de encontrar una comadre para enriquecer nuestra vida, considero que otra pieza clave del rompecabezas proviene de leer libros de autores latinos. Un viaje a través de las palabras de un escritor y otras experiencias similares pueden ofrecer la mejor conexión con otro ser humano. Esta antología fue un sueño del que Esmeralda Santiago y yo estuvimos hablando hace varios años. Ella había sido la portavoz del club de lectoras que forma parte de Las Comadres Para Las Americas y valoro su amistad desde lo más hondo de mi corazón. La idea de reunir un grupo de las voces más vibrantes de la literatura latina sobre el tema de las amistades femeninas parecía ser el siguiente paso lógico. Pero sin un club de lectoras, tal vez nunca habría habido una antología. Considero que es importante explicar por qué pensé en empezar un club de lectoras en primer lugar. Tengo grabada en mi memoria una experiencia específica que me llevó por ese camino: una joven latina de unos veinticinco años, que hacía poco se había graduado de la universidad, llegó a ofrecerse como voluntaria en mi oficina. Puesto que no contaba con recursos financieros para pagarle, le di un libro de una autora que por casualidad era también una comadre. Lo miró y dijo, "Nunca he leído nada de una autora latina". Quedé asombrada. Entonces me di cuenta de que esa había sido también mi experiencia no hacía mucho tiempo, y que debía ayudar a cambiar esa situación. Cuando llegue la próxima latina no iniciada a mi oficina, le entregará esta antología con la esperanza de que le sirva de inspiración.

Esta colección de historias por importantes autoras latinas es una muestra de imágenes instantáneas de amigas que superaron sus momentos difíciles, pero que lograron sobrevivir sólo gracias al humor y al calor humano que las comadres pueden ofrecer, aún en los momentos más sombríos. Una comadre, o un concepto idealizado de una camaradería, pueden manifestarse también de distintas formas durante la vida de una mujer. En "Las Comais", Esmeralda Santiago cuenta las estrechas relaciones de su madre con un pequeño ejército de coloridas comadres del ejército en Puerto Rico durante los años cincuenta, que se convirtieron en una inspiración para Santiago tanto en su vida creativa como en su vida personal. En "Cada día de su vida", Carolina De Robertis adopta el papel de curadora para la primera novela inédita de su amiga muerta, como si se tratara del hijo de las entrañas de su comadre, de su propia carne y sangre. Si la vida es una autopista, Stephanie Elizondo Griest en "Hermanas en el camino" habla de un viaje con una copiloto desconocida cuya amistad eventual termina arrancándola de los callejones sin salida de la vida para llevar de nuevo al camino correcto.

En "Cocodrilos y chorlitos", Lorraine López recuerda cómo una prominente aunque reticente escritora alfa en la universidad la fue guiando a través de las turbulentas aguas de la academia y de cómo López descubrió la forma de retribuirle a su manera este esfuerzo a su mentora. En América Latina, la política o la corrupción pueden separar o unir a dos mujeres en una causa. En su obra "Cartas de Cuba", Fabiola Santiago describe una tierna amistad de la niñez que soportó la prueba del tiempo, la revolución y la pérdida de correspondencias. En "Casa amiga: En memoria de Esther Chávez Cano", Teresa Rodríguez rinde un conmovedor tributo a una mujer que dio su vida defendiendo de la violencia a las mujeres en Juárez, México, mientras encontraba tiempo para ser comadre de miles de ellas.

Se pueden establecer profundas y duraderas amistades de forma muy rápida, y a veces en los momentos o lugares menos esperados. Cuando dos artistas con distintos estilos creativos se encontraron en un evento en la ciudad de Nueva York, en "El manual de Miranda" de Sofía Quintero, ninguna podía haber pensado que terminarían compartiendo sus sueños tanto personales como de celuloide y que se comprometerían una con otra en la enfermedad y en la salud. En "Mi maestra, mi amiga", Reyna Grande revive los momentos difíciles que soportó después de emigrar de México sólo para reencontrarse con un padre abusivo, hasta que entró a un aula de clase y se encontró con la mujer que la inspiraría a convertirse en escritora. En "Clases de cocina", la extraordinaria chef, Daisy Martínez, recuerda el día que invitó a tres jóvenes admiradoras que había conocido a través de una red social, a venir a su casa para preparar una exquisita cena que las cuatro saborearían durante toda la vida.

Las comadres pueden salvarnos la vida y pueden ser tan locas y arriesgadas como Thelma y Louise, quienes de no haberse tenido la una a la otra no hubieran podido abandonar una vida de relaciones abusivas con hogares desgraciados. En "Chicas anárquicas", Michelle Herrera Mulligan encuentra en la escuela una amiga rebelde cuya actitud osada las ayuda a abrirse camino por los dolores de la adolescencia, las familias disfuncionales y las diferencias raciales. El hecho es que se ha comprobado científicamente que la amistad entre mujeres es buena para la salud y en su ensayo "De corazón a corazón", la Dra. Ana Nogales no sólo analiza la razón por la cual una sólida red social de apoyo ayuda a evitar la depresión en las mujeres, sino que comparte sus propios esfuerzos por luchar y encontrar verdaderas comadres durante su vida. En sus propias palabras, Nogales dice, "Cuando nos reunimos con otras mujeres y nos damos cuenta de que nuestras experiencias son similares a las de nuestras comadres, creamos un espacio sagrado en el que podemos curarnos". La última historia de esta colección demuestra que no sólo las mujeres pueden ser comadres honorarias, también puede haber compadres honorarios. Cuando Luis Alberto Urrea regresa a su antiguo hogar en Tijuana, se reúne con su amiga, más joven que él, que todavía vive en el basurero de la ciudad y le enseña a soñar. En este proceso, demuestra lo que significa ser un compadre en la actualidad.

Aunque los escritores se consideran con frecuencia personas solitarias y privadas, sin una comadre dispuesta a respaldarlos durante los años cruciales del autodescubrimiento, tal vez habría sido totalmente imposible abrirse camino en los Estados Unidos. En estas doce historias francas y a la vez desafiantes, llenas de apetitosas perlas de sabiduría, tal vez usted también podrá reconocer la propia comadre de su vida. De ser así, podrá considerarse una persona muy afortunada y, si tiene necesidad de encontrar una amiga especial, ya sabe dónde encontrarla, comadre. Puede contar con nosotras.

Nora de Hoyos Comstock, PhD
Presidente y Directora Ejecutiva
Las Comadres Para Las Américas
www.lascomadres.org

LAS COMAIS

Esmeralda Santiago

En mis primeros recuerdos de las comadres de mi madre, las veo esperándonos en la puerta de la escuela. Mami, Doña Zena y Doña Ana usaban vestidos de algodón hechos en casa, las delgadas telas se pegaban a sus barrigas preñadas, los dobladillos hondeaban con el viento contra sus delgadas piernas. A su alrededor, los pequeñitos que comenzaban a corretear se perseguían unos a otros levantando nubes de polvo detrás de ellos. Cerca a ellas estaba Doña Lola, de pie, alta, con sus largas piernas, sus movimientos deliberados como de una coreografía de danza.

Tan pronto como la maestra tocaba la campana, corríamos hacia donde se encontraban nuestras madres sin dejar de hablar de todo lo que habíamos hecho durante el día, discutiendo sobre nuestras respectivas versiones de los hechos. Tan pronto como volteábamos la esquina del patio del colegio ayudábamos a las comadres a quitarse los zapatos y nos los quitábamos también nosotras. Los zapatos eran un lujo y había que hacerlos durar. Todas andábamos descalzas y sólo usábamos los zapatos cuando la "gente" podía vernos. La "gente" eran las personas que no habitaban en el barrio: por ejemplo, nuestras maestras en la escuela de dos aulas. Mis hermanos menores y sus amiguitos saltaban y corrían por el camino de tierra hacia nuestra casa, pero las comadres los seguían despacio, llamándonos ocasionalmente para decirnos que dejáramos de hacer esto o aquello y si no hacíamos caso, nos daban en la cabeza con las manos que llevaban libres o con el zapato que llevaban en la otra mano. Esto era lo que hacían los padres entonces, cuando ni la mamá ni el papá tenían la menor idea de que podíamos quedar psicológicamente (si no físicamente) marcados por la rápida reacción de sus manos.

Yo era tan juguetona y enérgica como cualquier otra niña del barrio pero no me juntaba con mi grupo. Me quedaba atrás y prefería caminar con las madres para así poder oír lo que hablaban.

Doña Zena era la mayor de las comadres, más alta que mami o que Doña Ana.

—Mira nene, deja eso, por Dios y Nuestra Señora.

En cada frase que decía, invocaba a Dios y a la Virgen y era una enciclopedia andante de santos profetas y obligaciones sacras. Todos los niños sabíamos que no debíamos hacer ruido cerca de su casa los sábados porque pasaba la mayor parte del día rezando con su familia.

—Tres curas y una monja…

Doña Ana fue la primera en hablar. Era más baja que mami, con los hombros más anchos, sonreía con facilidad y se reía siempre que hablaba. Le encantaban las adivinanzas y los chistes, pero cuando comenzó su historia, mami me sacó corriendo porque los chistes de Doña Ana no solían ser muy recomendables.

Mami era menor que Doña Zena y que Doña Ana. Para cuando entré a la escuela elemental a los seis años, ella tenía veinticuatro años y ya tenía tres hijos menores que yo y otro en camino. Llevaba su pelo negro en una cola de caballo rizada que le llegaba a la cintura y caminaba con la espalda muy derecha, lo que la hacía parecer orgullosa.

Cuando llegamos a la entrada de la casa de Doña Zena, caminé más despacio para oler el aire. Su casa estaba rodeada de plantas florales y su porche estaba festoneado de enredaderas y geranios en materas, que despedían un suave aroma. Sus hijas, un poco mayores que yo, se fueron adentro, pero Doña Zena se detuvo a cortar algunas flores del seto de hibiscos.

Más abajo estaba la casa de Doña Ana, la única de este extremo del barrio construida en cemento con un porche amplio que miraba hacia el camino. Desde su potrero, su vaca mugía y se oían graznidos y cacareos desde el platanal en la parte posterior de la casa, donde su esposo y sus hijos criaban gallos de pelea.

La nuestra era la última verja antes de que el barrio se curvara hacia el extremo en embudo. La casa era un popurrí de cocoteros, láminas de metal oxidadas y cartones. Mi padre había construido una base de cemento alrededor del perímetro de la estructura actual, pero después de muchos domingos, las paredes hechas de bloques de ceniza sólo llegaban a la altura de mis rodillas. En la parte de atrás estaba el cobertizo de la cocina con las tres piedras que formaban el *fogón* con sus brasas titilantes y humeantes. Unas enormes canecas bajo los aleros recogían el agua para lavar y bañarse. En el extremo más apartado del patio de atrás estaba la letrina, construida con hojas de palma.

Delsa, Norma y Héctor correteaban en el patio de adelante. Entré para cambiarme el uniforme, otro lujo. No se me permitía comer ni tomar nada mientras lo estuviera usando, excepto durante el almuerzo en la cafetería de la escuela y por mi bien era mejor asegurarme de no derramar nada encima, porque de lo contrario recibiría un golpe del zapato de mami.

Mientras me cambiaba, Doña Lola y mami servían de una

olla el asopao de pollo que ella había traído antes. Mis hermanas y mi hermano estaban sentados sobre un tronco de árbol caído cerca del cobertizo de la cocina. Mami me dijo que fuera a cuidar a los otros y entré a la casa con Doña Lola. Desde el tronco del árbol podía ver a Doña Lola presionando suavemente el vientre de mami a todo alrededor.

—No falta mucho, mi'ja —le dijo—. El bebé ya se dio la vuelta.

De las tres vecinas, Doña Lola era mi favorita. Vivía un poco más abajo, en una casa de madera con un techo de zinc corrugado. Cultivaba huertas para hortalizas y plantas medicinales, árboles frutales y un área sombreada en la que cultivaba café. Con frecuencia le ayudaba a cosechar los granos rojos, que ella secaba al sol sobre su tejado metálico. Tostaba los granos en pequeños lotes en un enorme sartén de hierro fundido. Siempre que mami iba a su casa, Doña Lola me alcanzaba el molino de café y ponía la cafetera llena de agua lluvia sobre las brasas naranjas del fogón. Yo me sentaba sobre el muñón de un tronco con la moledora de café entre las rodillas, girando lentamente la manivela hasta que el pequeño cajón de la parte de abajo se llenaba de granos molidos y fragantes. Al igual que la nuestra, la cocina de Doña Lola era un cobertizo aparte y de sus vigas colgaban hierbas y ramas secas. Era la partera y curandera del barrio, la consultaban para todo tipo de dolencias desde heridas de machete hasta dolor de estómago o mal de amor.

Se nos enseñó que debíamos agregar la palabra "doña" a los nombres de las mujeres, pero mami las llamaba "comáis"; comadres. Así se dirigía a ellas, de forma muy distinta a como lo hacíamos nosotros, lo que indicaba que había una relación especial entre las mujeres que, nosotros, como niños, no compartíamos.

La Comai Lola era la mayor de las comadres, todas ellas vivían a distancia de un grito unas de otras. La Comai Zena y la Comai Ana tenían veintipico de años, pero la Comai Lola tenía hijos e hijas adultos que vivían en los alrededores sobre el camino que iba de la calle principal a la esquina más apartada del Barrio Macún. La Comai Lola era delgada y llevaba su pelo gris trenzado y enrollado como una corona alrededor de la cabeza. Admiraba su discreta dignidad y la forma como parecía que estuviera bailando cuando en realidad estaba de pie.

Cuando íbamos a visitar a la Comai Ana, mami se sentaba en el porche de cemento a coser, hablar y reír más que en cualquier otro momento. A veces lloraba hasta las lágrimas, aunque con frecuencia su risa se convertía en lágrimas de tristeza y la Comai Ana le acariciaba los hombros y le hablaba en voz baja cosas que yo no alcanzaba a oír.

A Doña Zena no la veíamos con la misma frecuencia que a las otras comadres porque siempre estaba rezando y no debíamos interrumpirla. Sin embargo, cuando mami estaba triste, o después de haber tenido una discusión con nosotros o con papi, llamaba a la Comai Zena, se refugiaba en el perfume de sus flores del porche como en una crisálida y oraban juntas.

Sentía celos de las horas que mamá pasaba con las comadres, de la forma como podían hablar de cosas que yo no debía saber ni oír. Pero yo era una niña curiosa… en realidad una niña entrometida. Mis hermanas y mi hermano jugaban en las proximidades pero yo me acercaba lo suficiente a las comadres cuando mami estaba con ellas o cuando venían, o cerca a la fuente pública, donde llenábamos los baldes para tener agua potable.

Ahí fue donde oí por primera vez que mami había crecido en San Juan. Por eso odiaba el campo y le aterraban las serpientes. Antes de irse a la cama, barría todos los pisos y sacudía las hamacas y las mantas, por miedo de que hubiera serpientes en los rincones oscuros. Debido al miedo que les tenía, mami veía serpientes por todas partes. Se le atravesaban en el camino cuando iba hacia el corral de los cerdos o las encontraba enrolladas entre las enredaderas cuando iba a buscar batatas o cuando pasaba cerca a los matorrales de achote y, en una oportunidad, dijo haber encontrado una serpiente enrollada en el poste tallado de la cama de cuatro postes donde dormían ella y papi. Cuando veía serpientes empezaba a temblar y gritar señalando hacia donde la había visto, pero cuando veníamos a ver, la serpiente ya había desaparecido entre los matorrales. Realmente no le creíamos que hubiera visto una. Ninguno de nosotros vio una jamás.

Después de ver una serpiente, mami permanecía de pie por un rato mirando con temor alrededor de sus pies y soltándose la piel que se le había puesto de gallina.

Comai Lola insistía en que no había nada que temer; en Puerto Rico no había serpientes venenosas.

—Es que les tengo asco —decía mami con un gesto de disgusto.

Además, también la preocupaban los fantasmas y los espíritus y le asustaban las noches largas, ruidosas, con graznidos, ruidos de pájaros y el croar de las ranas. Aún no había llegado la electricidad al barrio, por lo que, al ponerse el sol, vivíamos dentro de los temblorosos círculos formados por las lámparas de gas. Los murciélagos y otros grandes insectos voladores zumbaban sobre nuestras cabezas, aún dentro de la casa y los grandes renacuajos cafés salían de los rincones oscuros después de que ella había cerrado las puertas y ventanas.

—No le tengas miedo a los renacuajos, mi'ja —le decía la Comai Lola—, se comen las moscas y los mosquitos.

—Hasta el más pequeño e insignificante de los insectos es un don de Dios —le aseguraba la Comai Zena.

—Esto me recuerda la historia del príncipe que se convirtió en sapo —comenzó a decir la Comai Ana y mami me envió a hacer algo totalmente intrascendente aunque oí la historia y no tenía nada de malo.

Cuando empezó el trabajo de parto de mamá, me envió a llamar a las comadres. A nosotros nos enviaron adonde Doña Zena para que sus hijas nos cuidaran desde el fragante porche donde podía oír los gritos de mami. Cuando oscureció, me escabullí y me asomé a mirar por entre la rendija de dos tablones de nuestra casa. Las llamas de dos lámparas de aceite iluminaban la habitación con una luz dorada que formaba fabulosas sombras contra las paredes irregulares. La Comai Lola y la Comai Zena sostenían a mami para que pudiera caminar por la habitación. Tenía mechones de pelo pegados a su frente, sus mejillas, su cuello y sus hombros. Era mi madre, pero sus gestos habían convertido su rostro en una extraña máscara.

—Ayúdame Dios Santo —gritaba mamá y se doblaba sosteniéndose el vientre.

Las mujeres la ayudaban a ponerse de pie, le frotaban la espalda y los hombros y le decían palabras de aliento. La Comai

Ana llegó de la cocina trayendo un sartén de agua hirviendo que vertió en un tazón esmaltado que había visto en la cocina de la Comai Lola. Llevaron a mami a la cama. Oí la voz de la hija mayor de Comai Zena que me llamaba por mi nombre y salí corriendo.

Mami solía quejarse de que estaba atrapada en una jungla, luchando sola con sus niños, en una covacha sin luz, sin agua potable, sin dinero y sin forma de ganarlo. Todo lo que estaba mal en su vida, les decía a las comais, era debido a mi padre. Papi, como los demás hombres en Macún, trabajaba en ciudades distantes del barrio o en las interminables plantaciones de caña de azúcar. Los padres eran como apariciones. Venían los domingos y los días de fiesta, pero el resto del tiempo salían de casa antes del amanecer y regresaban cuando los niños ya estaban dormidos. Había unos pocos hombres y mujeres mayores en Macún, pero el barrio estaba poblado principalmente por madres con niños pequeños y había oído decir que cada uno de sus esposos era tan inútil como papi.

Aunque las comadres solían quejarse entre ellas acerca de sus hombres, trataban a los compadres como príncipes. El sábado después del trabajo, los compais se reunían en el colmado de la calle principal a beber cerveza, jugar dominó, a oír música en la rocola. Vestían camisas blancas almidonadas y pantalones con la línea bien marcada al frente, cuidadosamente planchados por sus esposas con pesadas planchas de hierro negro. Cuando estaban en casa, comían antes que todos los demás y las esposas y los niños se movían de puntillas cerca de ellos hasta que los tomaban en cuenta. Los padres, que nunca estaban allí eran más poderosos que nuestras madres, que nunca iban a ninguna parte. "Espera a que venga tu papá", era la frase que nos mantenía a raya, conscientes de que su cinturón de cuero levantaba grandes abultamientos rojos en las piernas y las nalgas por las infracciones que nuestras madres ya habían castigado con sus manos o con un zapatazo.

Décadas más tarde, tengo aún recuerdos de las comadres, pero no puedo concretar ni uno sólo de sus esposos. Eran seres misteriosos y nosotros, como niños, les teníamos miedo. Su ausencia hacía que los lazos de unión entre las comais fueran aún más fuertes. Las mujeres eran comadres de todo el grupo de niños que entraban y salían de los distintos jardines de las demás casas a jugar, a llevar mensajes, a pedir un poco de azúcar prestada, a permanecer en la lluvia o a que les trataran una cortada o un rasguño. Como niños, sabíamos que muchos ojos nos vigilaban, cada comadre se ocupaba de sus hijos y de los de sus comais.

Esto no quiere decir que esta comunidad de mujeres y niños fuera idílica o de alguna manera utópica. Las comadres eran mujeres de carácter fuerte que se encontraban unidas por circunstancias ajenas a su voluntad. Eran consideradas y agradecidas, pero también habladoras y chismosas, se criticaban unas a otras, y a veces tomaban una posición contraria a la que yo hubiera esperado.

Después de haber tenido siete niños y cuando el menor, Raymond, tenía cuatro años, mami encontró trabajo en una fábrica de ropa femenina en el pueblo vecino. Las comadres no aprobaron que hubiera decidido ir a trabajar fuera de casa. Se burlaban de ella porque usaba una faja, faldas rectas y tacones altos. Hacían comentarios desagradables acerca de la forma como se encrespaba el pelo, se empolvaba y se echaba rubor en las mejillas y usaba lápiz labial. Decían que había abandonado a sus hijos y se quejaban de que todos andábamos corriendo sin control por el barrio. Era cierto que con mami trabajando, estábamos más libres de sus estrictas reglas, pero no estábamos solos. Mami contrató a la hija de Doña Ana para que nos cuidara y alimentara hasta que ella volviera del trabajo.

Podían ser antipáticas, pero las comadres no podían mantenerse disgustadas por largo tiempo porque era probable que se necesitaran unas a otras en cualquier momento. Cuando el padre de la Comai Zena se enfermó, las comadres se turnaron para atenderlo y lavar la ropa de cama, y traían alimentos preparados en sus casas. Fueron las comadres quienes arreglaron el cuerpo y la casa para el velorio y rezaron el novenario después del funeral.

Un año, las comadres y sus familias, incluyendo sus esposos, se resguardaron tras las puertas y ventanas reforzadas de la casa de cemento de la Comai Ana. El huracán que pasó por Puerto Rico ese verano devastó los cultivos y los jardines, destruyó viviendas, mató ganado, cerdos y caballos y tumbó los árboles frutales en todas direcciones. Durante las semanas que siguieron al desastre, las comadres compartieron lo que tenían en sus despensas. Junto con sus esposos organizaron a los niños para que recogieran leña para prender fuego y retirar los escombros dejados por el huracán en nuestros patios y en la carretera.

Cerca del árbol de mango, encontré un extraño objeto de metal con cuatro ruedas. Papi dijo que era un patín y supuso que éste había llegado volando en el viento del huracán desde San Juan, donde había aceras. Me dio una cuerda para que pudiera amarrármelo al pie. Puesto que no había pavimento antes de llegar a la carretera principal, el único lugar donde podía usar mi patín era en el porche de cemento de Doña Ana. Mami me sostenía mientras yo hacía equilibrio en un pie, y pronto pude patinar hacia atrás y hacia adelante sin caerme. Cuando me cansaba de patinar con la pierna derecha, me ponía el patín en el otro pie. Los demás niños hacían fila para usar el patín y pasábamos horas patinando de un lado a otro en el porche de Doña Ana. Intentábamos competir haciendo nuevas piruetas. Patinábamos en cuclillas sobre el patín con la pierna libre estirada hacia adelante o, en nuestra versión de un arabesco de ballet, balanceándonos mientras manteníamos la otra pierna estirada hacia atrás. Las comadres miraban y aplaudían, pero, con la misma frecuencia, tenían que levantarnos del duro piso cuando una determinada maroma no salía como lo esperábamos.

—Sana, sana, colita de rana, si no sana hoy, sanará mañana.

De alguna forma, la voz de las comadres cantando esta tonta ronda nos hacía sentir mejor, especialmente cuando iba acompañada de un fuerte abrazo y un beso.

Quince años después de que saliéramos de Puerto Rico, regresé a Barrio Macún. Doña Zena aún vivía en la misma casa, rodeada de flores, su porche decorado con coloridos geranios y ababoles. Su pelo que parecía lana tenía hilos de plata y sus manos con nudillos prominentes, mostraban cicatrices y desgaste por el trabajo. Me bendijo, agradeciendo a los santos y a las vírgenes cuyos esfuerzos, según ella, me habían ayudado a sobrevivir los rigores de Nueva York y continuarían guiándome y protegiéndome cuando regresara a esa ciudad. Me sorprendió el tono rasposo de su voz y me molestó un poco el que me reclamara seguir soltera y sin hijos a los veintiocho años.

Doña Ana no tenía ya la casa con el porche de cemento donde perfeccioné mis destrezas como patinadora de un solo patín. Ahora una amplia carretera atravesaba su prado y su casa, la de Doña Lola y la nuestra habían sido demolidas. Doña Ana vivía ahora cerca a la escuela y vendía dulces, refrescos, útiles escolares y adornos envueltos en celofán, en un cobertizo en el patio. Mientras me tomaba una soda fría, me contó un par de chistes soeces que no entendí, y me reí con ella, con la sensación de que había entrado al club al que había estado tan cerca desde mi niñez.

Tenía curiosidad de ver a Doña Lola. Entre más tiempo pasaba en los Estados Unidos, más falta me hacía. Ella representaba para mí la jíbara puertorriqueña, la campesina autosuficiente, con pleno conocimiento de su entorno y en total armonía con él; y como curandera y partera, familiarizada con todos los aspectos del nacimiento, la vida y la muerte de cada persona en el Barrio Macún. Ahora vivía al final de un estrecho sendero bordeado de plantas medicinales y árboles frutales. Me mostró el corral de cemento donde criaba cangrejos de tierra. Más abajo tenía su porqueriza y un poco más allá, su cabra amarrada a una estaca. Su cocina era un cobertizo independiente muy similar al que recordaba, con el fogón de tres piedras en un rincón, con las brasas encendidas y hierbas secas colgando de las vigas.

—Aquí tienes —dijo, y me entregó la misma moledora

de café que había utilizado cuando niña, encontré un muñón de tronco justo fuera de la cocina y giré la manija aspirando la fragancia de los granos de café tostados en casa, mientras Doña Lola me contaba que sus hijos e hijas habían emigrado a Nueva York y a Chicago. Escribían con frecuencia, pero una vecina tenía que leerle las cartas porque ella no sabía leer ni escribir. La mayoría de los habitantes del barrio eran nuevos y no conocía a muchos de ellos.

—Quisiera que las cosas en Puerto Rico siguieran siendo como cuando era niña —suspiré—, cuando todos éramos una gran familia.

—Ay, no, mi'ja, no gastes tiempo precioso en desear el pasado. Si lo haces, te despertarás una mañana sólo para darte cuenta de que has gastado tu vida deseando.

Ella preparaba el café a la antigua en una olla esmaltada, dejando caer el café molido en el agua hirviendo y luego filtrándolo por entre una media de franela muy manchada con un mango de madera pintado. Nos sentamos en su porche, bebiendo despacio la deliciosa infusión. Contra la pared al extremo de la habitación, a mi espalda, había pilas de cajas de electrodomésticos sin abrir.

—¿Qué hay ahí, Doña Lola?

—Ah, son regalos de mis hijos y mis nietos.

—¿Por qué los tiene empacados en las cajas?

—No sé qué hacen esos aparatos. No tengo electricidad.

—¿Por qué no los vende o los regala?

—Me los recuerda a ellos —respondió.

• • •

Las comadres ayudaron a mami en una situación y en un momento en el que realmente las necesitaba. Ahora, ya con más de ochenta años, curtida e independiente, sostiene que la Comai Ana, la Comai Zena y la Comai Lola no hicieron tanto como creo que hicieron. Tal vez mami quiere restar importancia a su influencia con el mismo celo que yo sentía cuando ella pasaba demasiado tiempo con sus comadres.

Es difícil imaginar qué hubiera sido de nuestras vidas si esas tres comadres no hubieran ayudado como amigas a mi mami cuando tuvo que enfrentar una situación que representó un reto superior a sus expectativas y conocimientos. Los chistes e historias de la Comai Ana hacían que mi madre llorara hasta las lágrimas cuando lo más probable era que hubiera querido llorar. Las oraciones de la Comai Zena eran un bálsamo para los momentos en los que se sentía más confundida o desesperada. Y la Comai Lola se convirtió en la madre sustituta que le enseñó sobre el campo, sobre cómo recibir sus bebés y le mostró que era posible vivir en unidad con su entorno.

No me sorprendió cuando las cosas en Nueva York no resultaron como ella esperaba, mami regresó al Barrio Macún siete años después de que nos fuimos. Con las otras comadres, cuidó de la hija de Doña Ana durante sus últimos y dolorosos meses antes de que muriera de cáncer. Unos años después, mami se casó con un viudo y crió a los hijos pequeños de éste con la misma actitud finamente protectora con la que crió a los suyos.

Cuando me convertí en joven madre, solía recordar con frecuencia a las tres comadres deseando que pudiera recurrir a su humor, su fe y sus conocimientos. Mi esposo y yo nos habíamos instalado en un pueblo suburbano al sur de Boston donde con frecuencia me sentía como la única extranjera. Conocí entonces a las latinas que se reunían en el parque a contar historias. Como ciudadana americana, como profesional capacitada y como madre de los niños que montaba en los pasamanos, no compartía las mismas circunstancias legales, laborales, sociales o económicas de las niñeras. Pero todas nos sentíamos solas, alienadas de nuestro lugar de origen y, con frecuencia, nos sentíamos incómodas bajo las miradas curiosas y a veces hostiles de nuestras vecinas que con frecuencia nos preguntaban de dónde éramos.

"Siempre les digo que de Chelsea", decía Leonor, nombrando su pueblo al norte de Boston, donde vivía desde los viernes por la tarde hasta los lunes por la mañana, sus días libres de su trabajo de niñera. Podíamos reírnos de esa respuesta tan cierta y a su negación a aceptar que no pertenecía a donde ahora se encontraba, sino a El Salvador, su tierra natal.

A pesar de nuestras diferencias, nos prestábamos atención y aprendíamos unas de otras, apoyadas y animadas por nuestros correspondientes esfuerzos por llevar un estilo de vida nuevo en los Estados Unidos. Todas habíamos crecido en América Latina y teníamos más en común que con nuestros vecinos norteamericanos. Entendíamos el concepto del comadrazgo —el principio de que todas las madres de una comunidad comparten la responsabilidad de criar a los hijos de todos— como nos lo inculcaron las relaciones de nuestras madres con sus comadres. Yo no las llamaba comáis, pero me daban la misma paz y tranquilidad que recibía mami de la Comai Ana, la Comai Zena y la Comai Lola cuando se sentía como extraña en una tierra nueva.

Las tres comadres de mami del Barrio Macún ya han fallecido, pero sus lecciones de camaradería, generosidad y fe y su humor cáustico siguen inspirándome. Habiéndolas tenido en mi vida, era consciente de lo crucial que es la unión y la solidaridad para alcanzar metas comunes, para encontrar consuelo unas en otras. Mi vida ha sido marcada y enriquecida por el ejemplo que me dieron la Comai Ana, la Comai Zena y la Comai Lola.

Jamás olvidaré a las tres comadres de pie en la periferia del soleado patio de nuestra escuela, ni sus barrigas preñadas de futuro. Han tenido un impacto más prolongado que sus mismas vidas. Cuando eran las amigas de mami, las comais no tenían la menor idea de que estaban sirviendo de modelo a su hija y ninguna de nosotras imaginó jamás que se convertirían en los personajes de los recuerdos y novelas que esa misma niña intrépida escribiría algún día. Se han convertido en los prototipos de la mujer madura, y sus vidas y lecciones reverberan a través de mis obras y de mi vida.

TODOS LOS DÍAS DE SU VIDA

Carolina De Robertis

I.

Le enseñé a Leila la palabra comadre un año y medio antes de su muerte. Le encantó de inmediato. El término encapsulaba lo que ya sabía acerca de las mujeres, acerca de la amistad, la comunidad, el carácter y el sabor de una vida exuberante, con corazón grande. Desde que aprendió el término, lo adoptó de inmediato.

Habíamos sido amigas ya desde hacía tres años, cuando nos conocimos en nuestra reunión de redacción creativa en la MFA. Pero parecía que nos hubiéramos conocido por mucho más tiempo; por décadas, o tal vez por vidas enteras. Compartíamos rincones tan íntimos de nuestras almas. Habíamos enfrentado riesgos, nos habíamos esforzado y habíamos leído y soñado juntas, habíamos llevado nuestras palabras escritas hasta donde pudimos llevarlas y aún más allá. Abrimos nuestras más profundas fuentes de vulnerabilidad y valor. Obteníamos sustento la una de la otra cuando nuestras novelas en proceso nos abrumaban o nos dejaban sintiéndonos en una confusión irreparable, recordándonos mutuamente la razón por la cual escribíamos; nuestro deseo de hacer conocer historias que de otra forma podrían haber quedado inéditas.

Leila utilizó la palabra comadre conmigo, pero también la compartió con otras amigas de otras disciplinas, presentándola como un abundante tesoro ofrecido por la cultura latina, un regalo para quienes resuenan con esta cultura a través de las tribus globales. Adoptó el término con tan inigualable pasión que, siempre que lo escucho, veo su rostro.

2.

Desde la muerte de Leila, su presencia en mi vida ha seguido creciendo. Mi casa, la que compré dos meses antes de su muerte, está llena de recuerdos de ella. El olivo en el jardín cuyos frutos decía que yo había aprendido a curar ("Te enseñaré", decía, mientras ambas suponíamos una segunda parte para esa frase, "un día, cuando esté mejor"); el pan de la panadería local que me recomendó; el baldosín de cerámica mediterránea que me regaló cuando estrené mi casa, que se encuentra en el empotrado en el centro del mostrador de la cocina y me murmura temas de dolor y de lejanas tierras natales, tanto al de ella como la mía. A veces, cuando leo algunos artículos interesantes en línea, los dedos de mis manos no ven el momento de reenviárselos a ella, y me niego a creer que se ha ido a un lugar cuya conectividad está más allá de la capacidad de mi computador para descifrarla. Con frecuencia, a mitad de una aventura —de una feria del libro inspiradora, de una fiesta llena de risas y alegría, de una cena elegantemente presentada llena de tradiciones ancestrales— me encuentro pensando, *Ay, Leila, te encantaría esto,* como si al formar esas palabras en mi mente pudiera hacerla aparecer a mi lado. Y, a veces, de hecho siento que lo hace, que aparece y que su irradiación es hermosa. Podría envolverme en ella como en un gran manto brillante. Pero en realidad no es que Leila esté físicamente presente en el salón, ni que lo esté llenando totalmente como solía hacerlo, con su elegante figura de uno con ochenta y cinco metros de estatura, con su potente voz y sus hábitos gregarios que hacían que todos se acercaran de inmediato a su alrededor. Sentir la presencia de su espíritu no es lo mismo que tenerla aquí, viva, de carne y hueso. Nunca será lo mismo.

Y hay la terrible, obvia verdad, acerca de la vida: todo pasa, cada momento, cada gozo, inclusive cada cuerpo en sí mismo; y nunca nada volverá a ser lo mismo.

3.

Co-madre.

La comadre entra en escena cuando su adorada amiga ya no puede ocuparse de su criatura. Se lleva la criatura a su casa, le abre los brazos, adopta la progenie de su querida amiga y la cría como si fuera suya propia.

Al morir Leila, dejó dos hijos menores, pero no necesitaban que los acogieran en otra parte. El amor de su padre es tan sólido como los cimientos de roca. Se trata de su otra hija, de la novela en la que estaba trabajando, que clamaba ser cuidada y amada, encontrar otro hogar.

Así, durante estos dos años desde la muerte de Leila, junto con su viudo y otro amigo, he estado coeditando el magnífico libro inconcluso que dejó tras de sí, un extenso retrato de su Líbano nativo. Cada vez que entro en esas páginas, veo cosas nuevas acerca de Leila, lo que amaba y temía y lo que añoraba,

sus visiones más secretas y atesoradas. Mi intimidad con ella se
va haciendo cada vez mayor. Nuestra amistad aún está presente
y tensa. No sólo se encuentra dentro de mi corazón sino dentro
de mis días, de mis procesos creativos, de esas capas sombrías
del alma que se ocupan de escribir historias, sueños. Aún me
sigue enseñando lo que significa escribir, lo que significa vivir,
quién fue ella y en quién puedo seguirme convirtiendo.

4.

A veces es fascinante trabajar en el libro de Leila. En otras ocasiones resulta doloroso. Las novelas requieren una enorme cantidad de levantamiento de pesas para quedar totalmente pulidas
y Leila no está aquí para dar vida a nuestras escenas, para agregar
contexto o para explicar lagunas en la trama; todas esas tareas
que el novelista debe cumplir en el último año o en los últimos
tres años de trabajar en una novela. En los mejores momentos,
me he sentido transportada, porque si leer representa una forma
de comulgar con la consciencia de un autor, entonces, editar la
obra de un autor puede ser aún más íntimo, el baile de una pareja
a través del espíritu. Cuando estoy dentro del libro de Leila, llegando casi a sentir lo que falta y lo que tiene que venir después,
la siento dentro de mí, dentro de mi mente, tarareando, y todo lo
que tengo que hacer es registrar lo que escucho en su tonada. En
los peores momentos, he fijado la vista en enormes agujeros que
aparecen en el manuscrito y he sentido la impotencia de poder
llenarlos por mí misma, porque no soy Leila, no tengo su voz.

"Deberías estar aquí para hacer esto", digo enfurecida, "no debería ser yo", y luego me siento culpable por pensar así.

Culpable, porque, antes que nada, fui yo quien decidió tomar parte en editar su libro de forma póstuma. Ser parte de este proceso es un honor. Podría renunciar a este acuerdo en cualquier momento. Por consiguiente, ¿cómo me puedo atrever a quejarme de una tarea que yo misma estoy eligiendo? (Porque si no hubieras muerto, Leila, no hubiera tenido que elegirlo. Quiero no elegirlo más y en cambio tenerte aquí).

En segundo lugar, no es justo dirigir mi ira hacia ella. La debería estar dirigiendo hacia la misma muerte. Leila no quería morir. Eso es una sobre simplificación: el deseo de vivir de Leila era como un tsunami que hacía que la muerte se viera como un puñado de cascajo, que podría hundirse fácilmente en el lago. Luchó con una tenacidad increíble, la vi hacerlo. En su último mes, medía su orina y su ingesta de agua de forma milimétrica para poder beber tanto como fuera posible a fin de saciar su sed sin sobrecargar su hígado ni sus riñones que ya fallaban. Ella misma hizo su cuadro clínico, en el hospital, en el anverso de una hoja de apuntes que le pidió a una enfermera que le diera. Me la mostró el día que vine a visitarla al hospital, cuando sus piernas estaban hinchadas, gruesas, duras y amarillas por la ictericia; la piel estaba tan tensa por la hinchazón que me dio miedo que fuera a reventarse y que ella explotara en la habitación. Ese día, recibió visitas en su habitación de hospital, con esa impecable y elegante actitud de anfitriona que la caracterizaba, y contó historias de permacultura y de epifanías creativas y de literatura, preguntó por mi bebé y por mi viaje a la feria del libro y mencionó, casi como un paréntesis, que su oncóloga le había dicho que la darían de alta del hospital, no porque estuviera mejor sino porque ya no podían hacer nada más por ella.

—Se veía muy afectada emocionalmente —dijo Leila, casi perpleja—. Pero morir no está en mis planes. Estoy organizando un círculo de sanación reiki en la iglesia de mi madre. Veinte maestros de reiki me ofrecerán sanación todos a la vez. ¿Qué opinan de eso? Por lo que no veo esto como el fin. No voy a ir a ninguna parte.

Parecía muy segura. Se veía muy enferma. Y sin embargo, si me hubiera dicho, en ese tono, que iban a llegar dragones púrpura volando desde la luna esa noche, yo le hubiera creído de todo corazón.

Leila murió tres semanas después.

5.

Durante esa misma estadía hospitalaria, Leila se había perdido en el primer piso después de una serie de exámenes. La habían llevado allí en una camilla porque ya no podía caminar, o eso le habían dicho. Cuando terminaron las pruebas, el técnico la dejó en el corredor para que la recogieran. Pero no vino nadie, el técnico se había ido a almorzar y se olvidó de ella. Ella permaneció allí por más de una hora esperando, y no pasó nadie a quien le pudiera pedir ayuda. Llamó en voz alta; nada.

Por último, Leila se bajó de la camilla con dificultad, caminó por el corredor, arrastrando con ella a Spike, nombre que le había dado al soporte de los líquidos intravenosos que le administraban. Le tomó diez minutos y una gran cantidad de dolor. Llegó al ascensor y subió a su piso.

Cuando ella y Spike llegaron al puesto de las enfermeras, Leila gritó, en su característica y fuerte voz:

—¡VA-A-HABER-PROBLEMAS!

6.

Al editar un libro, deben tomarse decisiones drásticas. Es la única forma de salir de la selva del caos a las grandes llanuras de la coherencia. ¿Cómo podemos tomar esas decisiones a nombre de Leila? ¿Cómo podemos definir su obra y al mismo tiempo mantenernos fieles a su visión? ¿Cómo podríamos aprovechar esa inamovible fuerza secreta que impulsó a Leila a dedicar los últimos cuatro años de su vida a crear este libro?

Las novelas provienen de un lugar de profunda urgencia interior; deben hacerlo así para poder cobrar vida. Al menos, es la única forma que conozco de lograrlo. Las dos novelas que he escrito hasta el momento estuvieron ambas alimentadas por el hambre de reconectarme con mi nación de origen, de explorar aspectos relacionados con la violencia y la pasión y el valor y la supervivencia y forjar un espacio en el mundo para quienes se perciben como seres que no pertenecen. Esto fue, en parte, una forma de labrarme un espacio para mí misma, de forjarme un hogar en este mundo. Escribí a partir de mis historias ancestrales mientras mis padres me estaban sacando de sus vidas por casarme con una mujer, en una época en que este tipo de matrimonio no tenía nada de legal —era desobediencia civil en seda blanca. Escribí mientras trabajaba tiempo completo como asesora de crisis de violaciones, financiando un programa para latinas que habían sobrevivido al asalto sexual, y luego trabajando y pagando mis estudios de postgrado. Pensé que sabía una o dos cosas sobre la adversidad y la persistencia.

Pero nunca he escrito una novela mientras voy perdiendo lentamente una batalla contra el cáncer, entonces ¿Qué sé acerca de la urgencia?

7.

El libro de Leila se llama *El cuervo de Noé*. Relata la historia de Donia, una mujer libanesa-americana que regresa al pueblo natal de su padre en 1995 para enterarse de lo que ocurrió con el cuerpo de su abuela, quien desapareció durante la larga guerra civil del Líbano. Su viaje está entretejido con historias del pasado —de la forma como su abuela fue retirada brutalmente de la escuela y de cómo continuó su vida como joven esposa; la trayectoria de su padre de ser el hijo de un granjero a convertirse en un prodigio académico y luego en un ingeniero inmigrante con un sueño de reconstruir su adorada patria; el amor prohibido de su primo cristiano con una musulmana palestina, quien, al igual que ella, apoya un movimiento para la unidad de los pueblos; las dolorosísimas pérdidas y los valientes actos de supervivencia de la guerra que asoló al país desde 1975 hasta 1990.

Es una novela generosa, sensual, con aromas y sonidos y sabores del Líbano, abundante en tristezas y esperanzas en pasión por un pueblo enraizado en una antigua tradición, desgarrado por la violencia y resistente como la verde hierba que crece en los edificios bombardeados.

Se lee como una carta de amor al Líbano.

Mi primera novela fue también una carta de amor, sólo que a Uruguay, una nación muy diferente en un lugar muy distinto del mundo, pero también una patria que, al igual que el Líbano de Leila, se siente a la vez íntima y lejana. Ambas éramos hijas de inmigrantes y ambas recurrimos a la novela como un recipiente para elaborar un mapa de nuestra herencia, a fin de poder verla, abarcarla, enfrentarla, trazar sus contornos sobre la página.

En este sentido, Leila y yo fuimos hermanas.

8.

Fuimos hermanas desde el comienzo. Tan pronto como nos conocimos, en nuestro primer semestre en Mills College, surgió entre nosotras una especie de conexión que hizo que perdiéramos el sentido del tiempo cuando hablábamos. Yo tenía treinta años; ella cuarenta y tres. La veía como una mujer estable, madura, con una vida bien establecida. Tenía su propia casa, algo realmente admirable de lograr en Bay Area, algo que, para ese entonces, yo consideraba imposible de lograr. Tenía dos hijos pequeños, mientras que yo aún no tenía hijos (aunque los anhelaba). Tenía un blog muy popular titulado "A vista de paloma:

Una mujer árabe americana ve señales de esperanza", en el que escribía reflexiones conscientes y compasivas sobre los problemas del Medio Oriente, e incluía también suntuosas recetas que entretejía en el siguiente lema: "Cuando ya no hay esperanza, siempre podemos preparar una cena". Escribir sus conceptos políticos en línea era algo profundamente importante para ella, pero el deseo de escribir ficción también había estado siempre presente, bajo la superficie. Entonces, un diagnóstico de cáncer la había llevado a enfocar sus intenciones. En medio de los tratamientos, enfrentó cara a cara a la muerte y pensó obviamente en todas las cosas que tenía por terminar en la tierra. Reorganizó su vida para hacer un MFA y escribir la novela que había venido portando en su interior durante años. Para cuando empezó el programa, el cáncer estaba en remisión; estaba sana, vibrante y lista para perseguir su sueño.

El cáncer me trajo aquí a escribir mi novela, decía a veces.

9.

Leila y yo junto con otros cuantos amigos de nuestro programa MFA nos vimos involucrados en una serie de cursos que transformaron y ampliaron nuestra capacidad literaria en formas que jamás hubiéramos imaginado posibles. La profesora, Micheline Aharonian Marcom, una escritora incandescente de origen armenio, trajo un innovador método al salón de clase. Leíamos libros de una inimaginable gama de estilos, culturas y épocas históricas y los discutíamos a través del lente de lo que hacían por nosotros —o en nosotros— como escritores, esforzándonos por alcanzar facultades más allá del intelecto, abordando la conversación como si se tratara de un viaje en una alfombra mágica por el misterioso arte de la escritura. Entonces nos turnábamos para leer de pie el trabajo recién producido inspirado por el libro que acabábamos de leer. Entramos en una especie de comunión con los textos y con las palabras de unos y otros, a través de la cual nuestro propio trabajo creció y prosperó. Estos cursos contradecían la forma como se enseñan habitualmente los cursos de literatura creativa en las universidades contemporáneas de los Estados Unidos, fomentando un abordaje tanto intuitivo como comunal, único y sin embargo fiel a lo que los autores y cuentistas han hecho desde el comienzo de los tiempos.

Era justo lo que Leila y yo habíamos estado buscando. Volvimos una y otra vez a las clases con Micheline, semestre tras semestre, devorando a Esquilo y Faulkner, Calvino y Duras, Borges y Calasso, Kawabata y Anne Carson, Kafka y Jung, García Márquez y Kadare y muchos otros, dejándolos infundirse en nuestro estilo y entretejernos en un círculo de escritores de fuego.

Los estudiantes se turnaban para actuar como "anfitriones" durante las tardes. Los anfitriones estaban encargados de animar la discusión, de establecer el tono y de traer comida y vino para compartir con los demás estudiantes. Debido a que el método era tan experimental, el entusiasmo del anfitrión tenía un tremendo impacto en la clase.

Leila fue una de las primeras en actuar como anfitriona. Hizo que todos nos sintiéramos avergonzados. Estábamos leyendo *Las mil y una noches*. Ella desplegó un mantel con un intrincado patrón decorativo que había traído de Líbano. Trajo una hermosa vajilla de cerámica con una gran variedad de aceitunas, pollo al limón, dolmas, hummus, baba ghanoush, za'atar, pan de pita y aceite de oliva. Encendió velas y apagó las luces. Cuando comenzamos a comer, explicó el significado de cada alimento, la historia detrás de cada una de las delicias y de cada una de las piezas de la vajilla en que estaba servida. Debió haber dedicado todo el día a prepararla y todos pudimos sentir la generosidad de sus regalos y el sutil poder de su invocación. Su facilitación de nuestra discusión fue simplemente exuberante. La conversación de esa noche fue inolvidable para todos los que tuvieron la buena suerte de asistir. No sólo hablamos acerca de *Las mil y una noches;* nos *metimos* en ellas; la voz de Shehrazada podía escucharse tarareando bajo la superficie de nuestra conversación, esa voz con la que contaba historias para salvar su vida y las vidas de todas las mujeres de su país. Den todo de ustedes a sus historias, la oí decir. Utilicen toda la fuerza que les ha sido dada en lo que tienen que decir. El poder de relatar historias es tan antiguo como los árboles de donde vinieron estas aceitunas, y como los fuegos que asaron este pan. Y los alimenta tanto como estos alimentos lo hacen. Coman, beban, escuchen. Estos cuentos son más antiguos de lo que puedan pensar.

Leila nos había fijado una cuota muy alta que el resto de nosotros debía cumplir. De no haber sido por ella, es posible que nuestras clases se hubieran convertido en tacaños ofrecimientos de papas fritas como suele ser el caso entre los atareados estudiantes contemporáneos de postgrado. Pero después de *Las mil y una noche,* los escritores de nuestras clases cocinaron, soñaron, innovaron, decoraron artísticas mesas de comedor y compartieron platos de sus herencias culturales o de las herencias de los

autores que estábamos leyendo. Durante todo el postgrado, el
entusiasmo y el compromiso de Leila fijó el tono de las reuniones a un nivel abundante y totalmente contagioso.

10.

A la mitad del programa de MFA, en el verano de 2006, el padre
de Leila murió de cáncer y estalló la guerra entre Israel y Líbano. Esos dos eventos, entrelazados, formaron un terrible lazo
de dolor para Leila. Le fue difícil concentrarse en su novela.
Entraba con frecuencia en línea, leía desgarradores informes,
comentaba con vehemencia en los blogs del mundo entero y
escribía notas en su propio blog. Allí, incluía comentarios que
atraían lectores de todos los rincones del mundo y que amplia-
ban las verdades tras los titulares de los periódicos con elocuen-
tes llamados a la paz.

Y, sin embargo, la guerra y la muerte de su padre habían
hecho que él largo y lento trabajo de la novela fuera más urgente que nunca. Es imposible captar los grandes acontecimientos humanos en los titulares de los periódicos, por importantes
que sean. Las novelas tienen un poder particular de trasmitir la
plena resonancia íntima de una experiencia como una guerra.
Creo que Leila lo intuía también. Su libro había sido el fruto
de su dolor original por la guerra civil libanesa, que destruyó
el amado pueblo natal de su padre y cobró la vida de su abuela,
cuyos despojos jamás se encontraron. Las notas de su blog eran
potentes e importantes, pero se requería la ficción para dar plena
voz a lo que tenía que decir.

En su segundo y último año del MFA, Leila retomó su libro con ímpetu y se sumergió en él.

II.

Después de la graduación, Leila, seis escritoras más y yo seguimos reuniéndonos por cuenta propia. Por casualidad, la mayoría éramos hijas de inmigrantes, lo que nos daba un potente contenedor para desarrollar libros que evocaran nuestros países de origen: Japón, Guatemala, Filipinas, Líbano, Uruguay. Nos reuníamos en nuestras casas y nos turnábamos para preparar la cena, leíamos libros y los analizábamos, soñábamos, nos conectábamos, leíamos nuestras obras en voz alta e intercambiábamos inspiración y apoyo.

Leila era un faro en nuestro grupo, una fuerza organizadora. Nos escribía largos e inspirados correos electrónicos, generalmente sin ninguna razón específica, rumiando sobre la creatividad o la literatura o la filosofía o los vínculos entre el arte y el cambio social, y siempre empezaban de la misma manera:

—Queridas…

Con esta sola palabra nos abarcaba a todas en un gran abrazo de su luminosa mente, y nos transformaba cambiándonos de un grupo común y corriente de escritoras en nuestra propia versión internacional estilo California, del siglo XXI, del Grupo Bloomsbury.

Al término de un año de ese período, su cáncer se había reactivado.

12.

Al mismo tiempo, quedé preñada de los derechos de la primera novela que vendí, de la realización de dos sueños de toda la vida. Leila estaba feliz por mí. Es posible que la envidia amargue la amistad entre las escritoras —o simplemente entre las mujeres— pero Leila sólo me daba amor y felicidad.

Como madre, me prodigaba ánimo sin medida y me daba consejos tomados de su propia vida.

Como colega, me invitó a almorzar para celebrar el negocio del libro. Más tarde ese mismo día, lo anunció en su blog diciendo que estaba "más allá de la luna", y animándome en hermosos términos, en los que tal vez lo más hermoso era la calidez con la que se refería a mí, para que todos pudieran verme como su comadre.

Ha habido momentos desde la muerte de Leila en los que he buscado mi propio nombre en línea sólo para asegurarme de que todavía aparezca su nota, como si esa presencia preservara un vínculo más entre nosotras en este mundo.

13.

Asistí al círculo de sanación reiki en la iglesia de la madre de Leila. Fue la última vez que la vi. Estaba extremadamente hinchada por la incapacidad de su hígado de eliminar los líquidos de su sistema. Su piel tenía un color amarillo oscuro debido a la ictericia. Según me dijo ese día, los niños habían huido de ella asustados. Y sin embargo, estaba allí sentada, con su enorme distinción, en su silla de ruedas, al lado de su esposo David, irradiando una especie de sonrisa de bienvenida que debe haberle costado Dios sabe cuánta energía sostener. Porque ella fue Leila Abu-Saba todos los días de su vida.

La capilla estaba colmada de gente. El pastor invitó a todos los que habían recibido afinación reiki a acercase e imponer sus manos sobre Leila mientras el resto de la congregación cantaba. Fui hacia adelante y apenas pude llegar con las puntas de mis dedos a su espalda a través de la multitud de sanadores que le deseaban lo mejor. Un suave canto llenaba el recinto. Varios de los presentes lloraban aunque se esforzaban por controlarse. No estaban preparados para ver a Leila tan enferma.

Al terminar el canto, Leila se giró hacia nosotros y dijo:

—Gracias, gracias, gracias —como se podría agradecer a una dulce y anciana tía el regalo de un suéter tejido a mano imposible de utilizar.

Esa misma noche, cambió la fotografía de su perfil de Facebook por una de su padre. Hacía ya tres años que había muerto y la falta que le hacía era inmensa.

Si no lo había sabido antes, era un hecho que ahora sí lo sabía: dondequiera que su padre estuviera, allá iría ella muy pronto y ese viaje no podía detenerse.

14.

Cuando Leila estaba en la institución donde la cuidaban, y era evidente que se acercaban sus últimos días, Micheline, quien desde la graduación se había convertido en una buena amiga, me escribió un correo electrónico. También ella estaba desolada por el deterioro de Leila. Iba a ofrecerse a editar el libro de Leila en forma póstuma y a ayudar a publicarlo ¿Me gustaría hacerlo con ella? Le dije que sí. Sin vacilación puse todo mi ser en ese sí. Otra amiga, Sara Campos, llevó el mensaje hasta la cama de Leila. Leila aceptó la oferta con las facultades que aún le quedaban; asintió enfáticamente y dijo algunas pocas palabras entusiastas, desplegando una explosión de energía.

Una vez hecha la promesa —una vez que Leila supo que su manuscrito tendría quién se ocupara de él tal como su esposo cuidaría de sus hijos— dejó al fin de luchar. Ese día, perdió su capacidad de hablar. Tres días después murió tranquilamente rodeada de sus amigas.

15.

David me pidió que hablara durante el funeral de Leila, que me refiriera específicamente a su vida como novelista, una parte de ella intrínseca a su forma de ser, pero que no todos los que la querían conocían.

Cuando llegué al funeral —otra capilla colmada de fieles— descubrí que sólo había tres personas en el programa. Su esposo. Su hermano. Y yo. Quedé sorprendida; había tanta gente que había conocido por más tiempo a Leila. Tenía otros parientes y muchos amigos devotos. Me sentí indigna, incapaz de emitir palabra. ¿Cómo iba a hacer para hablar? Pero tenía que hacerlo —no por mí, sino por su obra. Había traído un poema que Leila escribió en el hospital y extractos de su novela en los que el narrador reflexiona sobre la belleza del mundo, aún de cara a la muerte.

Las palabras que había escrito Leila eran una enorme parte de lo que ella era y de lo que nos dejó. Tenían que ser compartidas.

De alguna forma, pude cumplir mi propósito sin lágrimas, a excepción de los últimos treinta segundos.

16.

Micheline encabezó otro memorial más literario en el campus Mills para los profesores y los estudiantes y para la familia de Leila. Nosotras —las escritoras amigas de Leila— trajimos sirios y flores y delicados platos que a ella le hubiera gustado que preparáramos. Nos turnamos en el podio y leímos a nombre de Leila: algunos leímos de sus escritos, otros leímos nuestro propio trabajo, otros más leyeron de textos publicados que tenían resonancia para ese momento. Leímos a luz de vela. Leímos a través de las lágrimas. Reímos cuando un antiguo profesor, que regresó al campus especialmente para este servicio, leyó una historia de Leila cargada de humor. Todo el tiempo tuvimos ante nosotros una enorme fotografía de Leila sobre una silla, enmarcada en flores, brillando y parpadeando a la luz de las muchas pequeñas velas.

El recinto estaba colmado de una enorme tristeza.

El amor se convierte en tristeza cuando las personas mueren. Siempre había imaginado que estas dos emociones eran totalmente distintas, la tristeza y el amor, pero me equivocaba. Una se trasmuta en la otra. Son rostros distintos de una misma fuerza esencial, de modo que entre más amor haya antes de la muerte, mayor será la tristeza después.

Sin embargo, hay otra cosa que he aprendido de Leila: si

quitamos su ropaje a la tristeza y la vemos desnuda, ésta se llama Amor.

17.

Cuando Micheline, David y yo iniciamos nuestro trabajo en la novela de Leila, no teníamos mapa de ruta, no teníamos un plan claro. Ninguno había hecho nada semejante antes. Nos encontrábamos en un territorio totalmente nuevo.

El manuscrito que recibimos estaba lleno de repeticiones, contradicciones y burdo trabajo literario exploratorio que, evidentemente, Leila aún habría querido repasar y ampliar. Las distintas secciones se habían guardado en desorden, en un laberinto idiosincrático que sólo ella hubiera podido descifrar. En otras palabras, el manuscrito era un caos.

Empezamos con un panorama amplio. En primer lugar, fuimos poniendo las partes en un orden que reflejaba por lo general lo que sabíamos de su intensión para la estructura de la novela. Luego comenzamos a ver los capítulos uno por uno, los editamos, tomamos decisiones estilísticas y estructurales (el protagonista hablará en primera persona; los muertos hablarán en cursiva). Trabajamos en largos trozos de prosa no desarrollada. Dimos nombre a los capítulos y a los personajes secundarios. Nos dimos cuenta de que algunas partes no funcionaban dentro de la estructura que habíamos creado y las reorganizamos hasta que logramos armonizarlas con mayor claridad. Por último, hacia el final, nos tornamos más atrevidos e hicimos lo que el libro exigía y lo que finalmente pensamos que teníamos la autoridad (*autor-idad*) de hacer: creamos diálogo donde faltaba, eliminamos personajes que no contribuían a la trama y escribimos segmentos esenciales para servir de puentes de unión —breves escenas, reflexiones interiores, frases de inicio y de cierre— para dar más coherencia al libro.

Al comienzo pensé que el trabajo en la novela de Leila sería principalmente de carácter editorial, un respetuoso ojo externo para pulir lo que ya había allí. Pero durante los dos últimos años, hemos pasado el límite de editores a escritores, cortando y escribiendo y reescribiendo con tanto ahínco como si el libro fuera nuestro. He llegado a adoptar *El cuervo de Noé* y a darle el mismo amor y la misma dedicación y la misma mano rígida que utilizo con mis propias novelas.

Trabajamos por dos años. Tuvimos muchas reuniones de cinco horas alimentadas por comida Thai y copiosas tazas de café durante las que escribimos y escribimos y reímos y trabajamos y llegamos a conocer los ritmos íntimos de nuestras respectivas mentes. Hacia el final, ya no rotábamos las reuniones en las distintas casas sino que nos reuníamos siempre en la casa de David, que para mí siempre seguiría siendo la casa de Leila. Las horas pasaban vertiginosas. Si consideramos la profunda soledad en la que trascurre generalmente el proceso de producir una novela, estas reuniones eran una extraña aventura de un abordaje comunitario a un trabajo de ficción, diferente de cualquier cosa que hubiera experimentado antes o que hubiera oído que alguien hubiera experimentado. Incluso en la muerte, Leila tiene el don de reunir a las personas.

Mientras trabajábamos, estábamos atentos a detectar las intensiones de Leila. Dejamos que nos guiara. Y lo hizo.

18.

En nuestra primera reunión, hablamos acerca de los títulos que Leila tenía para el libro. Se había inclinado por el de *El cuervo de Noé*, que a mí me gustaba más que su otra opción, *El primo americano*. Entonces David dijo que él había estado a favor de éste último, cosa que Leila nunca me contó (y así comenzaron las muchas revelaciones).

Micheline no estaba enterada de ninguno de los dos títulos. Pero nos contó una historia que resolvió el dilema: al día siguiente de la muerte de Leila, Micheline estaba demasiado afectada para escribir, por lo que salió a dar un paseo por una calle comercial. Encontró en un almacén un collar que no tenía nada que ver con su estilo personal, pero que le llamó poderosamente la atención. Lo compró pensando en Leila.

Trajo el collar que tenía guardado en su alcoba. Grandes cuentas negras y un solo pendiente con la imagen de un cuervo de mirada intensa.

19.

La primera línea del libro de Leila no tenía realmente cabida en el primer capítulo, pero no la podíamos eliminar. Para mí, parecía contener lo que el novelista turco Orhan Pamuk llama el "centro secreto" de una novela. Por lo tanto la incluimos antes del primer capítulo, sola en una página:

Una hija cuyo pueblo se pierde para siempre pertenece al mundo.

Leila es esa frase. Aún respira ahí. De alguna forma, logró

forjar una sola línea que abarca en sus sílabas todas las tristezas y los triunfos, todos los anhelos de su tremendo corazón.

Ha habido momentos en los que llegué a perder toda esperanza acerca de los límites del manuscrito que habíamos recibido, acerca de los vacíos que no podíamos llenar, de la escritura continua que sólo Leila hubiera podido hacer. A medida que nos acercamos al final de lo que podemos hacer por la novela y nos preparamos a ofrecerla a los editores, debo aceptar que hemos hecho lo mejor que he podido. Hemos hecho lo que Leila hubiera querido que hiciéramos. Jamás va a tener esos dos años adicionales de salud para terminar su libro en sus propios términos. Por más que trabajemos jamás podremos devolverle ese tiempo.

Pero el núcleo del arte de escribir nunca tiene que ver con el resultado final. Lo que importa más que todo es saber, como Lily al final de la obra de Virginia Woolf, *Hacia el faro*, que se ha hecho todo lo que se ha podido para plasmar su visión. Y cuando leo la primera frase de Leila —y las demás frases en su libro— y siento cuánto nos dejó, cuánto se entregó a su arte, algo en mí grita en silencio *Leila, amor, querida, comadre, pase lo que pase de aquí en adelante, tú lo hiciste. Tú lo hiciste. Lo hiciste.*

20.

Durante su batalla final con el cáncer, Leila escribió el siguiente mensaje en su blog:

Entonces, por favor, amiga, bendice lo que tienes y pierde el miedo al futuro. Hoy es todo el tiempo que te queda. Estás aspirando. Disfruta tu respiración. Estás viva. Disfruta tu vida. Bendice a todos los que se atraviesen en tu camino. Y ¿el trabajo? Bendito sea el trabajo, también. Bendice tu ciudad, tus cuentas, tus posesiones. Tienes suerte de estar aquí para todo eso. Si te quitan una parte de todo eso, está bien, otra cosa tomará su lugar. Eres una confluencia sorprendente de miles de millones de variables y nadie más está viviendo tu vida justo en este minuto.

Y no te preocupes por la esperanza. Sólo respira y agradece tu respiración, todo surge de ahí.

Vuelvo a esas líneas cuando busco paz por haber perdido a Leila. Recuerdo que amaba la vida con una vitalidad que inspiraba a todos los que la rodeaban a hacer lo mismo, que aún si no logro disfrutar cada una de sus respiraciones (¿quién lo hace?) sin duda disfrutó muchas de ellas. Que preparó deliciosos platos y luchó por la paz y la justicia. Que dio a luz dos hermosos hijos. Que logró algo que no es común lograr en este mundo, un matrimonio sólido y feliz. Que cantó su amor por el Líbano y por el planeta. Que escribió.

Que aprovechó al máximo sus cuarenta y siete años.

También regreso a esas líneas cuando necesito una guía. Me infunden valor en los días en que escribir me parece difícil o imposible. Me recuerdan lo que es importante. Me devuelven mi alcance y mi confluencia. Me traen a casa.

21.

Estoy dentro de la novela de Leila. Me envuelvo en sus frases como si fueran leves bufandas multicolores. Huelen a limón y rosas, a café y secretos con tomillo y jabón de aceite de oliva.

Huelen al Líbano adonde nunca he estado y, sin embargo, a través del portal del libro de mi comadre, he llegado a amar. A medida que me muevo, envuelta en fragancias, estas telas livianas susurran un idioma misterioso que mi piel entiende de inmediato. Un idioma llamado Belleza. Sus frases hablan directamente a mi cuerpo. Me sacuden, me despiertan y me muestran tesoros. Me muestran lo que la pasión puede forjar con el alfabeto. Me muestran la muerte: la de Leila y la mía. A través de ese lente, la vida se presenta en un nítido altorrelieve, con todo su calor y urgencia, con todo su ruido, su dolor y su poder deambulantes.

Tus frases están aquí, Leila, y cantan. Como tú, pertenecen al mundo.

HERMANAS EN EL CAMINO

Stephanie Elizondo Griest

Teníamos hambre, estábamos cansadas, estábamos perdidas. Daphne estaba en el asiento del conductor; yo navegaba (y fracasaba). Habíamos estado viajando durante tres horas así, buscando Chilchinbito; un pueblo tan pequeño que ni siquiera aparecía en nuestro atlas de Arizona. Nos habían dicho que una familia de vaqueros podría alojarnos por la noche, pero no tenían teléfono para confirmarlo. Por lo tanto, confiábamos en la fe, en la fe ciega. En la fe de que los vaqueros estarían en casa; en la fe de que compartirían sus hogares con extrañas. De otra forma, estaríamos durmiendo en los caminos secundarios de la Nación Navajo esa noche.

Había conocido a Daphne hacía una semana pero no sabía qué pensar de ella. Nacida en Brasil, criada en Venezuela e Inglaterra, educada en los Estados Unidos y con capacitación en ayuda de asistencia internacional en África, era tal vez la persona de más mundo que jamás hubiera encontrado, sin embargo, se acercaba a cada nuevo destino de nuestro viaje por carretera con el entusiasmo extasiado de una novicia. Tenía un *piercing* en la lengua y un tatuaje, lo que implicaba una cierta rebeldía, sin embargo, llevaba un registro cuidadoso de nuestro kilometraje, llenaba recibos y limpiaba todos los días nuestro Honda Hatchback 1981. Era espontánea aunque metódica, de espíritu libre pero meticulosa, gregaria pero íntima, igualmente propensa a la risa y a las lágrimas ¿Quién *era* esta absurda brasileña y por qué se mostraba tan fascinada con mi vida en Corpus Christi, Texas?

—¿Eras una *Tigerette* en la secundaria? ¿Como las porristas? —me preguntó por vigésima vez con una sonrisa en los labios.

¿Sería que, para utilizar la frase inglesa que me había enseñado, intentaba desesperarme? ¿O estaba realmente interesada? No estaba acostumbrada a que una persona tan sofisticada fuera tan curiosa.

—Sí, porrista. Con sombreros de vaquero con lentejuelas, también. Pero como ya te dije, no éramos porristas en realidad sino bailarinas.

Golpeó el volante, mientras reía a carcajadas.

—Entonces —dije—, esforzándome porque no se notara la preocupación en mi garganta—. ¿Qué pasa si no encontramos a los vaqueros?

—Mierda, tonta, ya veremos qué hacemos.

El cielo sangraba oro a través del horizonte. En cualquier momento se deslizaría detrás del último cerro y seguiríamos conduciendo en la oscuridad ¿Qué pasaría si perdiéramos un giro? Ese mismo día, unas horas antes, habíamos pasado varios camiones llenos de navajos que se habían detenido y habían sacado las cabezas por la ventana para vernos (Bertha, nuestro Honda, subía con dificultad los caminos de tierra). Nos confirmaron que íbamos en dirección correcta. Chilchinbito, sigan derecho. Sin embargo, no habíamos pasado más que una que otra cabra a lo largo de un recorrido de millas. Además la temperatura bajaba de forma alarmante. Este valle del desierto muy pronto estaría totalmente helado.

Pero si Daphne estaba preocupada, no lo demostraba.

—Oigamos música. ¿David Gray?

Revisé su colección de CDs, cuidadosamente alfabetizada entre forros transparentes.

—¡Ajá! —dijo—. Veo una cabaña navajo.

A la distancia, podía ver una construcción de troncos y greda en forma de choza circular con un techo cónico. A medida que nos acercamos, aparecieron unas seis casas móviles, ensambladas alrededor de un aro de basquetbol al que le faltaba tanto el tablero posterior como la red. Cuando Daphne llegó al asentamiento, Bertha se detuvo y empezó a echar humo. Chilchinbito o no, pasaríamos aquí la noche.

Una mujer navajo de edad madura salió de una habitación, curiosa por la conmoción. Llevaba una camiseta con la imagen de un coyote aullando y unos pantalones vaquero grandes. Era el momento de pensar en estrategias: nos apresuramos a saludarla. Cuando sus ojos se cruzaron con los míos, mi boca se secó, pero no la de Daphne. Con una enorme sonrisa empezó a contar nuestra historia. Dijo que éramos de The Odyssey, un equipo de ocho corresponsales que conducían cuatro vehículos a través de miles de millas por todo el país para documentar la historia omitida con tanta frecuencia de los libros de texto en las escuelas: las rebeliones de los esclavos, los trabajadores migrantes, los campos de confinación japoneses, el Movimiento Indio Americano. Cómo subíamos estas historias a un sitio web sin ánimo de lucro monitoreados por cientos de miles de estudiantes K-12 de todo el mundo. Cómo hacíamos todo esto con un presupuesto de quince dólares diarios, razón por la cual necesitábamos encontrar los Vaqueros de Chilchinbito, a fin de poder tener un lugar donde pasar la noche.

—¿Los vaqueros? —preguntó la mujer—. Son nuestros primos.

Daphne abrió sus brazos de par en par como diciendo *¡Familia!*

—¡Danny nos dijo que los encontraríamos!

No exactamente.

Ese mismo día, a la hora de almuerzo, en el Gran Cañón, se nos había ocurrido que no teníamos dónde pasar la noche. Sacando nuestro atlas, Daphne se dio cuenta de que estaríamos pasando por territorio de reserva navajo y le preguntó al camarero si había algún empleado navajo en el personal. Cuando señaló a una auxiliar, se le acercó a hablarle. Cinco minutos después, había conseguido todas las claves que requeríamos: Chilchinbito, Vaquero y Danny.

—Entonces, ¿necesitan dónde quedarse? —preguntó la mujer arqueando las cejas.

—Sí —respondimos al unísono.

—Entonces quédense aquí —murmuró, mientras abría su puerta.

Daphne se volteó hacia mí y me guiñó el ojo con una sonrisa. Cuando nuestro jefe nos dio la noticia de nuestro estipendio diario de quince dólares durante la reunión de orientación la semana pasada, cada uno de los miembros de mi equipo pensó que era imposible —excepto Daphne. Ella lo consideró un reto. Y le encantaban los retos. Justo la noche anterior, en Vegas, había hablado con el gerente de un hostal de jóvenes para que nos dejara dormir en el armario de los suministros, a mitad de la tarifa normal. Mi amiga durmió sobre un rollo.

Seguimos a la mujer hacia su hogar móvil, donde había una

vieja sentada en una esquina detrás de un telar enorme, con un collar de turquesas más grandes que mi puño alrededor de su cuello. Haciendo una pausa en su proyecto —una alforja para amarrar a la silla de montar tejida en un patrón de rombos blancos y negros— nos miró entornando los ojos que parecían de ostra. De una habitación de atrás vino un hombre con una flauta de madera. Abrió la boca sorprendido al vernos. Todos parpadeamos unos a otros durante un prolongado e incómodo intervalo. Luego Daphne utilizó su magia.

—¡Oh santo cielo! ¡Esta bolsa es *her*-mosa! ¡Y esa flauta! ¿La hizo usted? ¿Podemos oírla?

De pronto estábamos todos sentados en círculo sobre el piso de linóleo. Nos ofrecieron un concierto de instrumentos de viento y una danza con un aro; Daphne les enseñó a bailar samba. Compartieron leyendas más antiguas que todo el valle del desierto; nosotras les contamos todas las aventuras de la noche anterior en Vegas. Nos dieron atrapasueños. Nosotros les regalamos camisetas de The Odyssey. Daphne y yo no sacamos nuestras bolsas de dormir sino a medianoche, cuando la familia apagó la luz, ella estiró su brazo y acarició el mío.

—Estoy *tan* contenta de que estemos viajando juntas. Eres una amiga genial —susurró.

Después de unos segundos, al no recibir respuesta, dijo entre dientes:

—¡Te dormiste antes que yo! Muy bien ¡Hasta mañana!

Pero yo no estaba dormida. Había escondido mi cabeza dentro de mi bolsa para que no pudiera oírme llorar.

• • •

Descubrí The Odyssey tres días después de que el amor de mi vida —alguien muy similar al Che Guevara, proveniente de Colombia— metiera su mano en mi pecho, me arrancara el corazón y lo incinerara. No estoy siendo dramática. ¡Ese hombre prácticamente me *arruinó* —dos veces! La primera vez, cuando aún estábamos en la universidad, intentó persuadirme de no ir a estudiar a Moscú, aunque lo había estado programando desde hacía cuatro años. *Quédate aquí, y yo pondré un anillo de rubí en tu dedo.* Y lo hubiera hecho, también, si no me hubiera abandonado antes. La segunda vez, dos años después, me convenció de no viajar por Asia al terminar mi beca en Beijing. *Ven aquí y abriremos un café. Quiero que tus manos toquen todas las delicias dulces.* Eso hice. Cancelé mi boleto de avión a Delhi y compré uno para Bogotá. Me quedé un mes durante el cual no dejamos de pelear. Resultó ser alcohólico. Y además, un mentiroso compulsivo. Peor aún, machista. Regresé a Texas desesperada. Había dejado de ir a Asia… ¿por él? ¿Y ahora qué?

Todavía desorientada, entré en línea para explorar un motor de búsqueda que acababa de conocer, llamado Google. Todos decían que uno podía encontrar *cualquier cosa*, entonces tecleé una serie de palabras prometedoras: Viaje. Aventura. Cultura Universal. Justicia Social. Cambio. Entonces, hice clic sobre "Voy a tener suerte" y comencé a escanear los resultados. Tal vez después de pasar unas cuarenta páginas, encontré The Odyssey. En ese momento, cinco corresponsales jóvenes viajaban a través de cuarenta y dos países documentando la historia social, cultural y política del mundo en desarrollo. No podía haber soñado una mejor descripción de un trabajo, y envié mi solicitud de ingreso de inmediato, sólo para enterarme de que no había ningún cargo libre. El siguiente proyecto demoraría al menos un año.

Durante días, caminé sin rumbo en un creciente estado de malestar. *Quévoyahacer, quévoyahacer, quévoyahacer.* Tenía que haber alguna razón que me hubiera hecho regresar a Texas, pero ¿cuál podría ser? Por último, una mañana, debajo de la ducha, me vino la inspiración: *¡Escribiré un libro!* De acuerdo, jamás había escrito nada más largo que un artículo de periódico. No importaba que no tuviera ni un contrato para publicar nada. No importaba que no tuviera trabajo, ni auto ni seguro social. Era una mujer de veinticuatro años con una historia que contar. Por lo tanto, volví de nuevo a la casa de mis padres y comencé a conectarme al computador por períodos de diez y doce horas diarias trascribiendo notas, haciendo investigación, de forma muy lenta y demorándome mucho en cada frase. Un año después, había recopilado un tomo de quinientas páginas acerca de mis viajes por el Bloque Comunista al final del milenio. Después, un agente aceptó representarme y redactamos una propuesta. Después de fotocopiarla diecinueve veces en un Kinko's, la envié a Nueva York y me fui por carretera a México con mis padres, encendiendo *velas* en cada iglesia por la que pasábamos.

Dos meses después, todos los principales editores del país habían rechazado mi propuesta. "Lástima que no la hayan secuestrado", escribió uno de ellos. "Entonces tendría una trama y su historia tendría un propósito". Los otros estuvieron de acuerdo. Mi manuscrito no tenía enfoque, ni misterio, ni tensión; era sólo una colección de reportajes periodísticos. Lo que realmente querían era un libro de recuerdos acerca de mí. Pero no sabía lo suficiente sobre mí misma como para escribir una obra así.

Fue un momento muy, muy oscuro. Ahora me había perdido de Asia, del amor y del proyecto del libro, despilfarrando mis finanzas en el proceso. Tenía veinticinco años y estaba viviendo con mis padres en Corpus Christi, Texas.

¿Ahora qué?

Fue en ese momento cuando recibí la llamada de The Odyssey y mi comadre hizo su repentina aparición en mi vida.

Estábamos empacando a Bertha después de la fiesta nocturna en la casa de los primos de los vaqueros, cuando Daphne se fijó en la caja de Kinko's, en el fondo de mi maleta.

—¿Qué es eso? —preguntó.

—Es sólo un libro que escribí —le respondí entre dientes.

—¿Un *qué?* —gritó a todo pulmón—. ¡Dámelo!

Traté de esconderlo bajo el talego de ropa sucia pero me lo arrancó a la fuerza, se acomodó en el asiento del pasajero y me entregó la llave.

—Tu manejas. Yo leo.

Oh, Dios. Sólo había traído el manuscrito porque se veía tan abandonado allí sobre mi escritorio en Corpus. No creí que nadie fuera a *¡leerlo realmente!* Eran quinientas páginas de fracaso. Pero aún antes de salir del asentamiento navajo, Daphne ya estaba riendo. "¿Pensaste que ibas a estar acabada para cuando tuvieras veinticinco años, y que te quedarías allí en el parqueadero del Taco Bell simplemente por diversión? ¡Jaaah!".

¿Eso era gracioso? ¿De veras? En realidad me pareció que lo era cuando lo escribí, pero, bien, después de los diecinueve rechazos…

Pasó la página.

—¿Cómo así que no hablas español?

Sorprendida, comencé a explicar, pero luego ella dijo "Ahhhh", y me di cuenta de que no tenía que hacerlo. El manuscrito se lo explicó.

Así comenzó la experiencia más visceral de mi naciente carrera como escritora. Daphne leyó todo el manuscrito mientras recorríamos carretera tras carretera por toda América. La literatura no había conocido jamás una lectora tan emotiva. Reía con frecuencia. A carcajadas. Emitía gruñidos. Expresiones de sorpresa. Suspiros. Inclusive lloraba, y se sonaba la nariz con mucho ímpetu. Cuando terminó, no hablaba de otra cosa, me presentaba a todo el que conocíamos como una escritora. *Escribió uno de los mejores libros que jamás haya leído, pronto estará en la librería más cercana a usted.* Sí, era extraordinario —porque *ella* era extraordinaria— pero, poco a poco, me fui permitiendo creer que era así.

Diez meses y cuarenta y cinco mil millas de frases de aumento de confianza más tarde, The Odyssey llegó a su fin. Era el verano de 2001 y despedirme de Daphne fue algo espantoso, no sólo porque me iba a hacer muchísima falta sino porque sus palabras de despedida fueron un mandamiento:

—No lo puedes dejar perder, Stephanie. *Tienes* que hacer que ese libro se publique. Prométeme que lo intentarás.

Esperé hasta que llegué otra vez a la seguridad del dormitorio de mi niñez, antes de sacar el manuscrito de su caja. Hacía un año que no lo hojeaba y podría decirse que casi me asustaba lo que encontraría allí. Para mi alivio, Daphne tenía razón: *valía* la pena salvarlo. Sin embargo, también había que admitir que esos diecinueve editores tenían razón. Carecía de objetivo.

De repente, supe cuál era.

The Odyssey se preciaba de reunir al equipo de documentales más diverso posible. El nuestro estaba compuesto por Oglala Lakota, Sioux, un afroamericano, un vietnamita americano, un taiwanés americano y un iraní americano. Uno de nosotros tenía una discapacidad; el otro era gay. Daphne era la ciudadana del mundo. Y yo era la chicana —al menos en teoría. Mi madre ciertamente era mexicana: su familia había migrado a esta nación a caballo y en burro desde las faldas del Cerro Tamaulipas hacía medio siglo. Sin embargo, mamá había sido víctima de una gran cantidad de burlas debido a su acento español, por lo que decidió no trasmitirnos ese idioma a mi hermana ni a mí. A pesar de haber pasado mi niñez a un radio de 150 millas de la frontera mexicana, mi español nunca progresó más allá de una jerga estilo Tarzán.

Este fue uno de los problemas durante The Odyssey, puesto que nos invitaban con frecuencia a visitar escuelas locales, algunas de las cuales pedían oradores hispanoparlantes. Yo acompañaba a Daphne en el podio, fiel a mi deber, pero todo lo que podía decir era *hola* y saludar con la mano mientras ella se encargaba de entretener al enjambre de niños que nos rodeaba. Era igualmente vergonzoso lograr tareas de ensueño como rastrear la marcha histórica de César Chávez desde Delano hasta Sacramento, California, a nombre de los migrantes que venían a trabajar en la vendimia, y tener que recurrir a la ayuda de traductores para las entrevistas. No podía hablar con las personas a quienes supuestamente representaba y esto me hacía sentir tremendamente culpable.

Al leer otra vez mi manuscrito, con un enfoque renovado, comencé a darme cuenta del número de personas acerca de las cuales había escrito en la antigua Unión Soviética y en China quienes se habían expuesto a un grave peligro por conservar las mismas tradiciones a las que yo estaba renunciando, como un idioma y una religión. Al igual que los periodistas que encontré en Riga, que habían pasado años en el Gulag por el crimen de escribir en su idioma lituano nativo y no en el ruso de la Unión Soviética. O de los ancianos lituanos de Vilnius quienes pasaron gran parte de sus vidas entre los veinte y los treinta años soportando torturas en prisión por negarse a denunciar el judaísmo. O el monje tibetano de Lhasa que haciendo caso omiso de la amenaza de exilio, contrabandeó copias de las últimas obras del Dalai Lama a su lamasería. Todos habían puesto en riesgo sus vidas para honrar su cultura, mientras que yo había abandonado la mía.

¿Cómo había podido perder una parte tan fundamental de mi identidad?

¿Y por qué nunca intenté recuperarla?

Después de enfrentar estos perturbadores interrogantes, finalmente tomé una pluma. Mientras comenzaba a escribir sentía que mi cerebro estaba desarrollando nuevas neuronas y que no podía escribir las palabras con la rapidez con que fluían. Practiqué una cirugía reconstructiva masiva en mi manuscrito ese verano, y lo cambié de un reportaje periodístico a un libro de recuerdos, implantándole un nuevo hilo narrativo. En el otoño de ese año, me mudé a Nueva York con planes muy esquemáticos de abordar editores en cocteles hasta que pudiera convencer a alguno de comprarlo. Afortunadamente, mi agente lo logró primero y Random House hizo una oferta. De todos mis amigos y familiares, la única que no se sorprendió al contestar el teléfono una noche y oírme gritar, fue Daphne.

—Claro que te lo compraron —dijo cuando yo hice una pausa para respirar—. Sabía que lo harían.

El año siguiente fue agotador. Para financiar la preparación del manuscrito final, hice trabajo de dos días y compartí un apartamento en Brooklyn con dos compañeras, lo que significó muchas noches de insomnio. Sufrí de erupciones; me empezó un tic en el ojo izquierdo. Estaba abrumada por la duda. Casi ahogada en inseguridad. Sin embargo, Daphne no dejaba de lanzarme salvavidas en forma de llamadas telefónicas y correos electrónicos. En un determinado momento, inclusive organizó un descanso de fin de semana en el hermoso apartamento de su amigo en Washington, D.C.

Cuando al fin entregué el libro, me di cuenta de que —contando el tiempo que me tomó estudiar ruso y mandarín y viajar a todos esos países— había invertido toda una década de mi vida en ese proyecto. Toda mi energía, toda mi pasión, toda mi angustia había quedado sublimada en sus páginas. Esto requería una celebración en grande. Hice una lista de invitados y me di cuenta de que este hito era equivalente a una boda, amigos de lugares tan distantes como Austin y Boston comenzaron a comprar tiquetes de avión. Sin embargo, el factor indispensable en la creación del libro se encontraba actualmente destacado en Angola, África Occidental. Puesto que no quería excluirla, pensé una y otra vez si debía contarle a Daphne acerca de mi fiesta o no. Cuando al fin lo hice, me juró que vendría para la próxima.

—¡Porque *habrá* una próxima! —me dijo en tono cantado.

La noche de la fiesta, me puse un vestido de seda rojo y regué por el piso cientos de páginas de manuscrito, para que mis amigos y yo pudiéramos bailar sobre ellas. Una hora antes de que empezaran a llegar los invitados, una de mis compañeras de apartamento me llamó para que bajara a recibir un envío. ¿Me habrían enviado flores mis padres? Me apresuré a bajar y faltó poco para desmayarme al ver a Daphne, parada allí a la entrada, riendo. No es broma: mi comadre había cruzado el Ecuador para llegar allí. Esa noche fue la coanfitriona de mi fiesta con un verdadero aire brasileño instando a los invitados a probar todos los platos y dirigiéndonos en los cantos y el baile de la samba. En un momento dado, acorraló en un rincón a mi nueva editora.

—¿Tiene idea de lo importante que va a ser el libro de mi amiga? —oí que le preguntaba, al pasar—. ¡Enorme! ¡El Everest!

Cuando al fin me acosté esa noche, era un desastre de felicidad y lágrimas. Al igual que la noche que pasamos en el Territorio Navajo.

Nueve meses después regresé a mi cubículo después de una reunión de trabajo y encontré un correo con un mensaje de voz de mi editora.

—Sólo quería avisarte que llegaron los libros.

Fue a principios de febrero. Mi fecha de publicación estaba programada para el 19 de marzo. ¿Cómo era posible que ya estuvieran listos? Con el corazón latiendo a nivel de mi cuello, le devolví la llamada para decirle que se había equivocado.

—Estoy viendo una copia aquí, justo en este momento —dijo—. Es una belle…

Pero yo ya había salido corriendo por la puerta. Me bajé del subterráneo en la cincuenta y corrí a toda velocidad hasta la cincuenta y cinco con Broadway, sacándoles el quite a los vendedores de perros calientes y a las floristas, y a los turistas con bolsas canguro a la cintura que encontraba por el camino. Cuando vi que mi editora salía del ascensor con una copia de mi libro en la mano, se me aflojaron las rodillas y caí al piso. Un guardia de seguridad vino de inmediato a ayudarme.

—Está bien, está bien. Es su primer libro —le explicó mi editora.

Me ayudaron a sentar en una banca cercana. Al principio ni siquiera lo podía tocar; después no lo podía soltar. Permanecí allí sentada, acariciándolo, mientras mi editora se deshacía en elogios del libro y de mí. Cuando recuperé mi color normal, el guardia de seguridad me llevó hasta la puerta. En algún sitio de Broadway me recosté contra una pared y llamé a Daphne. Tan pronto como oí su voz, me descontrolé por completo.

—¿Stephanie, qué pasa? ¡Santo Dios! *Dime qué pasó.*

Cuando por fin pude decirle con voz ronca:

—Tengo mi libro entre mis manos —también ella empezó a llorar.

—¡Ay, amiga! Dime cómo es.

Le describí los colores de la carátula, su peso y volumen, el olor de sus páginas.

—Y los comentarios, Stephanie, léeme los comentarios —dijo utilizando el vocabulario de edición que le había enseñado.

Lo hice, y me di cuenta, al igual que ella, de que eran sólo versiones modificadas de lo que ella me había dicho siempre.

Around the Bloc era un resumen de mi vida en mis veintes, contenidos dentro del forro de un libro. Lo había sacrificado todo por esta obra: mis relaciones (seis años después del doble del Che Guevara, continuaba soltera), mis finanzas (el pequeño adelanto sobre el libro no era suficiente para comenzar), mi salud (hola, síndrome del túnel del carpo). Poco tiempo después de que cumplí treinta años, bajaba de un escenario después de hacer una lectura cuando pensé que podía pasar el resto de mi vida haciendo esto, hablando de las aventuras de mis veintes. Este es el principal riesgo ocupacional de alguien que escribe sus memorias: se vive más en el pasado que en el presente. Era hora de seguir adelante. ¿Pero hacia dónde? ¿Hacia qué?

Mi comadre entró en escena.

—Vete a México —decretó Daphne. Ella podía visualizarlo: volvería a la tierra de mis ancestros, aprendería su idioma y luego escribiría mis memorias acerca de esa experiencia.

—Será perfecto. Pasarás de *Around the Bloc* a *De vuelta al barrio*".

Y esa fue, más o menos la forma como nació mi segundo libro, *Mexican Enough:* dejé mis trabajos, abandoné mi apartamento y empecé un nuevo proyecto que incluyó tres años de vivir y respirar lo que era México. Lo entregué, radiante ante mi triunfo, sólo para darme cuenta de que estaba de vuelta en Corpus Christi, Texas, aún soltera, aún desempleada y (a menos que contara con la casa de mis padres) sin un lugar dónde vivir. Entonces, vino la depresión. El síndrome del nido vacío no es ni siquiera el comienzo de la descripción de la pérdida que siente un escritor una vez que su libro se ha publicado. Los hijos al menos siguen llamando ocasionalmente para pedir dinero. Vienen para el Día de Acción de Gracias. Incluso para Navidad. Pero el libro simplemente desaparece. Es posible que abramos el periódico una mañana para descubrir que ha sido destrozado por un crítico, pero eso es todo. El único antídoto para el dolor en el alma que queda después es empezar otro libro, sin embargo, pueden pasar años antes de encontrar una idea que valga la pena para volver a empezar todo el proceso.

Llamé a mi comadre para quejarme acerca de *quévoyahacerahora*. Como siempre, a Daphne le iba espectacularmente bien: se había enamorado de un cuákero de Ohio y lo había convencido de que se fuera a vivir con ella al norte de Mozambique, donde dirigía una oficina de Save The Children.

—¡Sé lo que puedes hacer! —dijo—. Vente para acá.

—*¿Para allá?*

—Stephanie. Tienes treinta y tres años y vives con tus padres. Vente para acá.

—Pero, Daphne, no tengo dinero. No tengo seguro de salud. No tengo…

—Vente para acá. Te necesito.

Era más probable que *yo* la necesitara a *ella*. Pero Daphne sabía que la única forma de convencerme de ir era que yo creyera lo contrario.

Una semana antes de viajar a África, gané un premio de literatura. El *Corpus Christi Caller-Times* había publicado una historia al respecto, en retrospectiva, que era una buena propaganda personal: decía que yo era soltera, incluía una fotografía y mencionaba que mis planes eran irme a Mozambique. En la mañana de mi vuelo, miré por última vez mi correo y encontré una nota de un extraño que había leído el artículo y quería enviarme un contacto periodístico en Maputo.

—Dígale que Kevin, de Texas, la envió —me dijo.

Le respondí de inmediato dándole las gracias y salí a tomar mi avión.

Llegué a Quelimane, Mozambique, para enterarme de que mi comadre estaba luchando con una crisis humanitaria. El Río Zambezi se había desbordado y Daphne coordinaba las operaciones de emergencia de Save The Children que incluían la evacuación, la organización de albergues y la alimentación de decenas de miles de personas. Personas a las que no sólo les faltaban automóviles (o buses o bicicletas o burros), sino televisiones. Radios. Periódicos. Cualquier otro medio de comunicación, a excepción de sus propias voces. En un determinado momento, Daphne me envió a un campamento de desplazados para que pudiera dar testimonio de los gamonales del pueblo que repartían dieciséis sacos de harina a trescientas familias. De bebés que se amamantaban de senos vacíos. De niños carentes de juguetes, que bateaban condones inflados y amarrados como globos. De mujeres y niñas temerosas de hacer sus necesidades por la carencia de letrinas, temiendo poder ser atacadas si iban a orinar al bosque. De hombres y niños temerosos de pescar en el río infestado de cocodrilos que los podrían devorar. En medio de todo ese sufrimiento, de todas esas vicisitudes, de toda esa lucha, se encontraba mi amiga. Con una tabla de notas en la mano y un megáfono contra su boca, con un celular que no dejaba de sonar en su bolsillo. Dándome una inyección de perspectiva galáctica.

De vuelta en casa, en Corpus, escribí cartas de agradecimiento a todo el mundo que conocí en África y, en segundo lugar, le envié también una nota a Kevin en Texas, dado que su contacto en Maputo había resultado muy valioso. Para mi sorpresa, me invitó a tomar café. Resultó ser un cirujano craneofacial que ejercía en Corpus y realizaba misiones médicas por todo el mundo. Traducción: era simplemente un itinerante como yo. Tenía unos preciosos ojos verdes. Después de casi nueve años de soltería, al fin había encontrado a alguien. Esto probablemente se da por hecho, pero sí, mi comadre se adjudicó todo el crédito.

Momento de hacer una confesión. No reacciono muy bien cuando mis amigas se casan. No porque me dé envidia que encuentren un compañero. Siento celos de que sus parejas *las hayan encontrado*. Tal vez sea un subproducto de haber pasado tanto tiempo soltera, confiada en mis amistades, pero aún así, no puedo dejar de ver el matrimonio como una pérdida. Como mi pérdida. *¿Cómo así que no puedes venir en carro a Austin esta* *noche? ¿Vas a irte adonde tus suegros en la mañana? Ah. Está bien, entonces, vamos a bailar. ¿Qué? ¿José también quiere venir? Bien. ¿Qué te parece si hablamos por teléfono toda la noche? ¿Qué? ¿Te tienes que ir? Ah. Está bien. Adiós.* Con el tiempo, dejé de llamar. No me puedo deshacer del sentimiento de que interrumpo algo importante. Como una cena romántica. O una acalorada discusión. O, seamos francas, el sexo.

Así que aunque adoré a Mansir-el-cuákero, quedé tan devastada como emocionada cuando Daphne llamó una tarde con la noticia de que se casaría. Sin embargo, suavizó el impacto con dos detalles. En primer lugar, la boda sería en Río de Janeiro *¡Yayaya!* En segundo lugar, querían que yo escribiera y dirigiera la ceremonia.

—*¿Yo?*

—Tú.

Así, con el Pan de Azúcar al fondo y la gigantesca estatua del Cristo, casé a mi mejor amiga con su pareja actual. A lo que siguió una interminable noche de samba y golpes de caipirinha, y luego unas dos docenas de amigos los acompañamos en su luna de miel en una remota isla tropical. Regresaron a Mozambique y unos meses después, llamaron para decir que esperaban un hijo.

Bien. Debo decirlo: los bebés son peores que los esposos. Mucho peores. Aún el mejor de los esposos es infiel de vez en cuando. En dos oportunidades he viajado a ciudades lejanas para ayudar a vaciar el contenido de los cajones de un hombre errante en bolsas de basura y dejarlos en el garaje con las cucarachas. No sucede lo mismo con los bebés. No, los bebés siempre brillan en los ojos de su madre. Ahora, *realmente*, nunca puedo volver a llamar. Es posible que interrumpa la primera sonrisa del bebé, su primera risa, su primera infracción de tránsito por exceso de velocidad.

Un mes antes de la fecha del parto de Daphne, viajé a Atlanta (donde vivían sus padres) a visitarla. Cuando subimos al auto y tomamos la carretera, sentí nostalgia. Aunque habíamos dejado muchos sitios desde la época de The Odyssey, era la primera vez que estábamos de nuevo viajando por carretera, las dos solas. Estaba a punto de iniciar una serie interminable de *recuerdascuando* y, de pronto, me fijé en el vientre de Daphne que sobresalía por encima del cinturón de seguridad y me di cuenta de que ahora éramos tres. Cuatro. Cinco. *Nunca volveremos a ser solo las dos.*

Me había preparado mentalmente para un fin de semana de trajín con pañales y biberones, como lo había hecho con tantas otras amigas prolíficas anteriormente, pero sobre la mesa de noche de Daphne había una copia de *Methland: The Death and Life of an American Small Town* (Methland: La muerte y la vida de un pequeño pueblo americano) y cerros de revistas *Newsweek*, no *What to Expect When You're Expecting (Qué se puede esperar cuando se está esperando)*. Ella quería hablar de política. De cultura. De arte. Su vida estaba a punto de cambiar de forma irrevocable pero quería saber cómo *me* iba. ¿Cómo era mi programa de MFA en Iowa? ¿Qué libro me gustaría escribir después? (Naturalmente, estaba llena de sugerencias). La única vez que realmente hablamos de maternidad fue cuando me pidió que participara en un ejercicio de alumbramiento. Su doula (asesora de parto) le había sugerido que practicara meter sus manos en agua helada para elevar su umbral de dolor. Lo hicimos juntas, sumergiendo nuestras manos entre bloques de hielo y cronometrando el tiempo. Mientras nos mirábamos a los ojos y sonreíamos todo el tiempo.

Mansir me escribió tan pronto como Daphne inició el trabajo de parto. Yo la había llamado esa mañana y me había dicho que estaba muy bien. Ahora soportaba la experiencia del mayor reto físico de su vida. Dejando de lado los ensayos que había estado calificando, comencé a caminar por el apartamento. Luego por el patio. Luego por el vecindario. Miré el CD que nos habían dado el día de su matrimonio. Encendí velas. Oré. Seguí caminando. Cada vez que sonaba el teléfono lo respondía de inmediato ansiosa por saber lo que ocurría. Esa noche, asistí a un evento para recaudar fondos para Haití, durante el que, contra mi voluntad, apagué mi celular. Me fui a casa temprano para ver los mensajes y quedé devastada al encontrar uno de Mansir. "¡Daphne tiene algo que decirte!", su voz era jubilosa. "Devuélvenos la llamada".

Lo hice pero me llevó a buzón de voz. *Cielos. Perdí la oportunidad. Nunca podré volver a hablar con ella.* Pero, cinco minutos después, Daphne llamó. Hacía sólo dos horas que había dado a luz pero estaba lista para contármelo todo.

—¡Daphne! —grité—. ¡No eres la misma mujer que la última vez que hablamos!

—Amiga —dijo en tono majestuoso—, crucé a la otra orilla.

Hizo una pausa dramática y después ambas nos echamos a reír. Durante la siguiente media hora, me describió cada detalle del nacimiento de su hija; del sudor y la sangre, del dolor y la dicha, del "aro de fuego" por el que pasó antes de pujar por última vez. Me describió a Celia, su olor, como la sentía cuando la presionaba contra su pecho. Y de pronto pude oír a su bebé recién nacida que murmuraba en el fondo, y comenzó a llorar. Por ella. Por ellos. Por nosotros. Por agradecimiento.

Creo que esto es lo que es extraordinario acerca de las comadres. Cada vez que uno encuentra una es como iniciar una vida totalmente nueva. Probablemente Daphne nunca escribirá un libro, pero, debido a nuestra íntima amistad, *siente* como si lo hubiera hecho, al exhibir mi libro en su biblioteca con el orgullo de mostrar algo que le pertenece. Yo, por mi parte, probablemente jamás tendré un hijo, pero debido a la intimidad de mi amistad con su madre, Celia es parte de mí. Como comadres, compartimos nuestras experiencias más íntimas y formativas de la vida de forma que se convierten también en experiencias de ambas.

Como escritora, no podré nunca describir la vitalidad de dichas relaciones en mi vida. En una profesión llena de dudas acerca de uno mismo, no podría mantenerme a flote sin amigas como Daphne, con quien cada conversación representa un tablón más en mi balsa. Y el hecho de que haya dedicado su vida a la ayuda internacional es más que una metáfora. Para mí, un mal día en el trabajo significa una entrevista horrible o una carta de rechazo. Para Daphne, un mal día significa una hambruna o una inundación. Esto me lo recuerdo constantemente para no perder la perspectiva. Si Daphne puede reubicar a los evacuados, yo puedo sin duda reorganizar estas frases. Si Daphne puede alimentar a esos niños, podré sin duda terminar este ensayo. Si Daphne puede reunir a esa familia, sin duda yo podré salvar este libro.

COCODRILOS Y CHORLITOS

Lorraine López

La última historia en la colección de relatos cortos de ficción de Denise Chávez titulada *The Last of the Menu Girls (La última de las chicas del menú)* es una historia llamada "Compadre". Aquí, Rocío la protagonista, que narra la historia, expresa su asombro ante el compromiso de su madre de soportar una situación de no relación que exaspera a toda la familia. Para explicar su conexión permanente con este amigo, la madre de Rocío dice: "Estoy obligada por las leyes superiores del compadrazgo que tienen que ver con el bienestar y el desarrollo espiritual de una de las creaturas de Dios… Ser compadre es no tener y a la vez tener una relación y sin embargo estar dispuesta a permitir que esa relación que no es relación tenga total libertad dentro de ciertos límites". La madre de Rocío continúa, expresando en palabras las difíciles preguntas que se planteó antes de aceptar semejante obligación. La lista de interrogantes que vienen a continuación en el pasaje es específica para las exigencias que hace este amigo cuyos desordenados hábitos de trabajo, cuyo desafortunado hijo, cuya inexplicable conversión religiosa y cuyas frecuentes necesidades de transporte, junto con su "extraño comportamiento" y su "definitiva locura" representarían un reto para la constancia de cualquier mujer por decidida que fuera, a través de los años. Sin embargo, la madre de Rocío insiste en que previó las obligaciones y sus correspondientes agravaciones en toda su plenitud. "En resumen, ¿estaba dispuesta a aceptar el compadrazgo; una unión más verdadera que la de la familia, más elevada que la del matrimonio, más cercana a todas las relaciones que deben ser equilibradas, de apoyo, y comportarse como una buena persona benevolente y universal?", se pregunta, antes de dar su enfático consentimiento: "Sí, sí, sí, sí. Sí, respondí".

Leer estas líneas me hace sentir orgullosa de mí misma, como si estuviera escuchando el himno nacional que nos hace sentir un patriotismo en crescendo. Pongo un dedo entre las páginas y cierro el libro por un momento para reflexionar en los vínculos que unen estos personajes ficticios y considerar corolarios de una relación semejante en mi propia experiencia. La cubierta verde oscura del libro está desgastada y suave aunque marcada innumerables veces con indentaciones infinitesimales, como si hubiera sido utilizada repetidamente como apoyo para escribir notas. Al interior, sus páginas están amarillentas, con los bordes suaves y desgastados. He tenido este libro por más de quince años. El nombre del dueño original es una familiar firma manuscrita dentro de una de las hojas en blanco: *Judith Ortiz Cofer*. Éste fue en algún momento su libro. Mi propia comadre me lo dio hace todos esos años, como regalo.

Uno tras otro, los libros de mi biblioteca llevan esa larga y enmarañada rúbrica. Muchos de ellos son publicados por Arte Publico Press, Bilingual Review Press o Floricanto; editoriales independientes de literatura latina que enviaban copias a la Judith con la esperanza de que las diseminara, las revisara o las enseñara. Otros de mis libros son de pasta dura, unas cuantas primeras ediciones, algunos autografiados por Judith que más tarde me los dio como medicamentos de prescripción después de diagnosticar problemas en mi propio estilo de escritura. La mitad de los libros de un estante son escritos por la misma Judith: *The Latin Deli* (La deli latina), *Silent Dancing* (Danza silenciosa), *The Year of My Revolution* (El año de mi revolución), *The Meaning of Consuelo* (El significado de Consuelo), *An Island Like You* (Una isla como tú), *The Line of the Sun* (La línea del sol), *Call Me Maria* (Dime María), *Sleeping with One Eye Open* (Dormir con un ojo abierto), *Woman in Front of the Sun* (Mujer de cara al sol), *A Love Story Beginning in Spanish* (Una historia de amor que comenzó en español)... Éstos están escritos con la escritura amplia de Judith; todos ellos firmados *tu compañera* o simplemente *love, Judith*.

La ropa que uso es la evidencia más tangible de este duradero comadrazo. Camisetas impresas, blusas tejidas, blusas de seda, blazers negros y azules oscuros y vestidos florales iluminan los tonos oscuros del contenido del closet con destellos brillantes. Estas son otras herencias de Judith, de la época cuando yo era madre soltera criando dos adolescentes con el ingreso de una profesora auxiliar, con un presupuesto para vestuario equivalente a cero dólares con cero centavos. No cabe duda que dándose cuenta de esto después de verme con los mismos slacks y las mismas camisas, mi comadre comenzara a traerme talegas de lona llenas de ropa que había "rotado fuera de su clóset", prendas hermosas y durables que sigo utilizando aún hoy. En ese entonces, cuando estábamos en la Universidad de Georgia, con frecuencia íbamos a eventos juntas, ambas luciendo "el estilo Judith", una colorida falda con una blusa tejida, un blazer oscuro, botas y accesorios como zarcillos largos. Nos sentábamos una al lado de la otra, provocando a veces comentarios de otros acerca de nuestra forma similar de vestir. "Estilo mentora/alumna", comentó una colega de Judith. Otra, una persona entrometida y pedante que a ambas nos disgustaba, corrigió este comentario. "No se dice alumna sino pupila", dijo. "Es ropa de mentora". Judith y yo intercambiamos una mirada. Sabíamos la verdad. Es y sigue siendo estilo de comadre.

Como lo sugiere la historia de Denise Chávez, el comadrazgo describe una simbiosis cuyo ejemplo son las relaciones que se dan en la naturaleza y que benefician a las dos partes, como una interacción entre cocodrilos y chorlitos, los pequeños pájaros que los cocodrilos permiten que entren a sus bocas para alimentarse de los restos de comida cristiana atrapados entre los dientes. Tal como los cocodrilos y los chorlitos salen ambos beneficiados de esta asociación, Judith y yo nos damos recursos y asistencia mutua aunque en formas mucho menos desagradables. Esto era, claro está, más evidente, cuando vivíamos más cerca una de otra. Por ejemplo, en la manera como la mamá de Rocío satisface las necesidades de transporte impuestas sobre ella por el compadrazgo, yo también he llevado a Judith a varios sitios alrededor de Atenas, pero con mayor frecuencia al aeropuerto en Atlanta, un viaje de noventa minutos en cada sentido.

Me agrada conducir, aunque no soy muy diestra ni tampoco muy buena siguiendo mapas y direcciones, mientras que Judith, con su habitual desplazamiento entre la casa de su familia cerca de Louisville, Georgia, y su condómino en Atenas, no siente un entusiasmo específico por hacerlo y no está muy dispuesta a dejar su automóvil en el estacionamiento del aeropuerto —acumulando tarifas diarias— para conducir hasta su hogar después de un pesado viaje como escritora invitada o después de un agotador vuelo. Los costosos transportes de los aeropuertos con viajeros cansados y quejumbrosos —o lo que es peor— con pasajeros animados y conversadores. Para Judith es mucho mejor contratar el transporte con alguien que pueda ver el cansancio en su rostro, alguien que respete su necesidad de silencio. O, si se siente con energías y deseos de conversar, alguien con el que sea agradable viajar, alguien dispuesto a oírla hablar acerca de su viaje, alguien a quien no le importe detenerse para entrar al baño o para comprar un sándwich, un conductor que, aunque no sea muy hábil para encontrar direcciones, conduzca con extremado cuidado, aunque no lo haga con extremada velocidad. Sí, era mejor, mucho mejor para Judith contar conmigo para llevarla.

Judith me pagaba bien por estos viajes y me invitaba a refrescos cuando parábamos por el camino. Claro está que yo necesitaba el dinero pero además disfrutaba el tiempo que pasaba en su compañía, aunque en ese entonces, en los primeros años de nuestra relación, todavía no era mi comadre. Al comienzo no éramos ni siquiera colegas, mucho menos amigas. Yo era una estudiante de postgrado y ella era una profesora. Dos escritoras latinas de una cierta edad en el mismo departamento de la misma universidad sureña a mediados de los años noventa; ¿qué tenía eso de raro? Esta coincidencia por sí sola debería haber sido suficiente para forjar una conexión instantánea entre nosotras. Las dos teníamos pelo negro y ojos oscuros y nos destacábamos por contraste con los demás. Pienso que, vistas desde arriba debemos parecer un par de cuervos en una bandada de palomas. Además de nuestras similitudes físicas y culturales, compartimos también una reticencia muy arraigada cuando se trata de hacer amistades. En ese entonces, nos mirábamos una a otra —en silencio, con prevención— a través de los auditorios y las salas de conferencia en los eventos literarios y en las reuniones de los departamentos de la universidad. De hecho, al principio, tenía un acendrado disgusto hacia mi futura comadre.

Antes de conocer a Judith, acababa de ser transferida al programa de Master de Artes en inglés en la Universidad de Georgia y me enfrenté de inmediato al problema de tener pocos cursos de postgrado disponibles en las tardes, cuando no estaba enseñando en la escuela de nivel medio. Me reuní primero con el director del programa de postgrado, un académico engreído que trató de convencerme de que no necesitaba un título de postgrado si quería ser una escritora de ficción.

—Le bastaría con colgar una tabla al exterior de su puerta que dijera "escritora creativa" y comenzar a escribir sus novelas —me dijo.

No me dio ninguna sugerencia útil, por lo que fui a hablar con el director del programa de Escritura Creativa, Jim Kilgo, quien me recomendó que me comunicara con Judith Ortiz Cofer —quien estaba en ese momento de licencia— por correo electrónico para pedirle un curso de estudios independiente el semestre siguiente cuando regresara a la universidad. Le escribí a Judith, preguntándole si habría alguna posibilidad de enviarle una muestra de mi trabajo junto con mi carta. Su respuesta fue rápida y sencilla; unas pocas frases cortas, mi impresión inicial de esa firma gruesa. No daba clases independientes a estudiantes que no hubieran tomado al menos un curso con ella.

Quedé desolada, después sentí ira. Egoísta, egoísta, egoísta, pensé. ¿Cómo era posible que se atreviera despacharme así no más, sin problema? Este rechazo ha sido algo de lo que no me he podido olvidar, me quedó grabado en la memoria porque resultó ser un comportamiento poco característico. Más tarde me enteré de que Judith era lo más contrario posible a una persona egoísta y, años más tarde, cuando intenté utilizar este ejemplo para demostrar lo anómalo que era para hacer la presentación de Judith en un evento literario, perdí el hilo y el hecho de que yo hubiera contado la forma como rechazó mi petición hizo que Judith se sintiera mal. En el escenario, se esforzó por explicar por qué había actuado así, un razonamiento que ahora entiendo muy bien. Aunque no nos habían presentado, cuando respondió mi carta, Judith ya me estaba dando una lección de mentoría: si esperas tener éxito como escritora en la academia, necesitas proteger tus límites. Ahora que soy profesora asociada y me veo obligada a recortar el tiempo de mi actividad como escritora, estoy cada vez más agradecida de esta lección temprana, y me doy cuenta de lo extraordinariamente amable que fue conmigo al respondermetan pronto mientras se encontraba en licencia. Sin embargo, me tomó tiempo darme cuenta de que la sencilla comunicación que me envió Judith en ese entonces *era* mi tutorial, uno mucho más instructivo que cualquier estudio independiente que hubiera podido imaginar.

Después de recibir la negativa de Judith, me encontré unas cuantas veces con ella en la universidad. Nos mirábamos largamente de reojo, sin acercarnos a presentarnos formalmente. En una oportunidad me decidí a entrar a una librería atestada de gente para oír a Judith leer su poesía y su prosa y quedé fascinada por el ritmo del lenguaje, por la música de su acentuada voz, por la calidez y el humor que emanaban de ella a pesar de su presencia intensa y dominante. Esa noche, Judith estaba dándome otra lección, me estaba mostrando cómo una escritora dotada comparte su obra, atrayendo aún al más resistente y rencoroso de los oyentes. Después de la lectura, estaba decidida a conocerla formalmente. Pensaba comprar su libro y presentarme cuando lo autografiara para mí.

Pero antes necesitaba un poco de sangría para calmar mis tensionados nervios. El personal de la librería había preparado una ponchera de vino rojo con soda y unas pocas tajadas de naranja flotaban sobre esta mezcla. Cuando serví un cucharón de sangría en un vaso plástico, la correa de mi cartera se deslizó de mi hombro y tiró de mi antebrazo con todo su peso. El cucharón lleno de sangría y el vaso junto con mi bolsa fueron a dar al piso de madera; el vaso rebotó y rodó por el piso. Después del estruendo vino un absoluto silencio y los vendedores de la librería llegaron con toallas de papel para ayudarme a recoger el desastre. En la periferia, alcancé a ver la expresión de Judith: sorprendida, con sus ojos muy abiertos, de pronto me reconoció. *Ah, eres tú.*

Mi cara estaba roja, boté el vaso y las toallas de papel en una papelera y me deslicé. No compré el libro de Judith, no me presenté. Antes de salir calladamente de la librería miré de nuevo hacia donde estaba Judith. Por sorprendente que parezca, en ese mismo momento levantó la vista y me sonrió con un gesto comprensivo. Poco después de esa noche, comenzamos a reconocernos mutuamente. Nos saludábamos con una inclinación de cabeza en el ascensor, en el cuarto de correos, en los corredores. Pronto, empezamos a intercambiar saludos y a entablar pequeñas conversaciones sociales con preguntas amables. "¿Cómo está?", "¿ya tiene planes para el fin de semana?", "¿le gustó la lectura?". Tentativamente, y sin saberlo, estábamos presentando una audición para desempeñar mutuamente pequeños papeles en nuestras vidas, tal vez imaginándonos una a otra como personas conocidas y amigables. En ese entonces, no habría podido predecir que en un determinado momento nos haríamos amigas, menos aún, comadres.

Trascurridos varios meses, me armé de valor y me atreví a invitar a Judith a tomar café. Estaba en una encrucijada; me encontraba a punto de terminar mi maestría y estaba considerando volver a solicitar una aceptación como candidata para un doctorado. Quería su consejo, le dije al invitarla a tomar café, pero lo que realmente quería era que me dijera que yo tenía lo que se requería para iniciar mi carrera como escritora y como académica sólo con un máster, tal como ella lo había hecho. En vez de hacer eso, mientras caminábamos despacio hacia el Espresso Royale en Broad Street, esa fría tarde de los primeros días de otoño, Judith empezó a preguntar cosas sobre mí, sobre el tipo de persona que soy. Me animó a considerar mis propias disposiciones hacia aceptar retos y me habló de ellos, en términos generales. Judith no me dijo nada acerca de los muchos años que trabajó como académica itinerante, conduciendo cientos de kilómetros a través de Georgia, cada semana, para adaptar los sistemas de enseñanza en varias universidades. No me dijo nada acerca de que la hubieran rechazado la primera vez que presentó solicitud para una cátedra en la Universidad de Georgia, ni

cómo se la habían negado para dársela a un escritor blanco con
un doctorado, ese buen escritor y profesor que dejaría de escribir y enseñar tan pronto como se instalara en la universidad, un
hombre que —años más tarde— ella reemplazaría cuando su
alcoholismo le costara al fin el cargo que le había arrebatado. De
eso vendría a enterarme mucho tiempo después.

Esa tarde, Judith me fue llevando poco a poco hacia una
mayor comprensión de mi misma. Aunque puedo ser impulsiva,
incluso apresurada a veces, no me gusta correr riesgos, especialmente cuando se trata de decisiones profesionales. El hecho
de tener una familia que sostener hace que correr riesgos sea
algo impensable para mí. Desde el punto de vista profesional,
siempre protegeré mis apuestas y, de ser posible, protegeré la
protección de esas apuestas. Durante nuestra vigorizante cami-
nada hasta la cafetería, Judith me ayudó a ver que si debo buscar
seguridad fuera de mí para mi disponibilidad de emprender una
carrera como escritora académica, con sólo un título de maestría
y sin haber publicado ningún libro, entonces, claro está, dichos
planes no tienen lógica. Para cuando empujamos la puerta del
Espresso Royale, dejando salir una ráfaga de aire aromatizado,
ya estaba haciendo planes para presentar una solicitud para
un programa de PhD, y aunque yo la había invitado, Judith se
acercó al mostrador, hizo el pedido y pagó el café.

En mi segundo año del programa de postgrado en la Universidad de Georgia, hice la transición de maestra de educación
media a instructora universitaria, como profesora de composición a estudiantes de inglés como segundo idioma provenientes
de Europa, Asia y África. Me fascinaban estas clases, en especial, debido a la madurez de los estudiantes internacionales, un

marcado contraste con mis alumnos de educación media. Pronto comencé a desear ampliar mi experiencia docente, y cuando surgió la oportunidad de trabaja como asistente de Judith, me apresuré a presentar mi solicitud. Fui uno de los tres estudiantes de postgrado que eligió para ayudarla en una encuesta multi-cultural sobre literatura americana. Como tal, asistí a todas las sesiones de lectura los lunes y los miércoles y luego dirigí un seminario para veinte estudiantes con mi grupo, los viernes. Las conferencias eran dirigidas generalmente por Judith pero hacía que uno de nosotros hiciera una presentación a todo el grupo al menos una vez cada trimestre. Entre las conferencias y las reuniones de los seminarios, los tres nos reuníamos ocasionalmente con Judith para elaborar planes y estrategias.

Una y otra vez durante esas reuniones de los lunes y los miércoles, Judith me mostraba cómo hacerlo. Ahora, esa experiencia me recuerda un cuento corto de Jamaica Kincaid, "Niña", en el que la narración de una segunda persona le indica a un oyente adolescente cómo comportarse debidamente. *Esta es la forma como uno se dirige a un grupo extenso*, parecía decirme a mí Judith desde el escenario del auditorio donde se reunía toda la clase. *Así es como se juega, se provoca, se mezcla el humor, la alarma y el placer ante una audiencia. Así se hacen las inflexiones de voz y luego se deja convertir en un susurro antes de volverla a ampliar de modo que los ojos se abran, las posturas en las sillas cambien, las cabezas se inclinen hacia adelante.*

Al finalizar el curso, Judith me preguntó si estaría interesada en ayudarle con un taller de escritura creativa de pregrado. Me apresuré a aceptar. Una oportunidad así era la entrada a que se me asignara mi propia sección de escritura creativa. Muchos de nosotros habíamos pedido esta oportunidad al profesorado pero pocos fuimos los elegidos ¡y Judith me lo pidió a mí! Ese mismo día pedí las copias de los textos. Cuando llegaron, los leí de pasta a pasta, resaltando pasajes en una fiebre de anticipación eufórica. Me preparé durante el receso para hacer la crítica de los escritos de los estudiantes de forma autoritaria. Para la primera reunión del seminario, estaba demasiado llena de planes y de pedagogía, demasiado emocionada para hablar. Por suerte, esto no importó. Judith habló. Fue encantadora y divertida, pero también los asustó. Aterrorizó a los estudiantes de pregrado con su brillante pelo negro, sus profundos y oscuros ojos. Para ellos, debió ser algo parecido a una gitana con sus largas candongas y su falda larga de colores brillantes, como una pitonisa que podría maldecir sus destinos en una fracción de segundo. Las voces de los estudiantes temblaban cuando —uno por uno— indicó su nombre. Después, Judith me presentó y se presentó ella misma. Habló de lo que esperaba lograr en el taller, y, en un momento dado, hizo una lista de sus indicaciones preferidas. "No pueden utilizar la palabra *deslumbrante*", dijo, "a menos que estén mirando cara a cara el rostro de Dios". Yo crucé mis brazos sobre mi pecho, asintiendo con un énfasis que prometía consecuencias. Los rostros que formaban un anillo alrededor de la mesa del seminario palidecieron y todos los ojos se abrieron al máximo. En el corredor, al salir del aula de clase, escuché a alguien que decía, "Cielos, es estricta". A media voz, otro estudiante agregó, "Podría decirse que es deslumbrante".

Después de esa primera reunión, el taller entró en un ritmo tranquilo y regular en el que se compartían y criticaban los correspondientes escritos. Yo revisé cuidadosamente las historias, poemas y ensayos personales, haciendo anotaciones en estos borradores para indicar comas mal puestas y problemas de espaciamiento, a veces, haciendo comentarios acerca del uso poco afortunado del tipo de letra. Luego, compuse largas cartas a espacio sencillo de comentarios holísticos que invocaban a Chekhov, Hegel y Aristóteles para probar que el relato de algún joven acerca de una visita con Me-Maw era mucho más que un viaje en automóvil a Alabama seguido de té dulce u pollo frito, y que, por consiguiente, merecía toda la potencia de su concentración y su esfuerzo creativo, sin mencionar una correcta puntuación y una concordancia consistente entre el sujeto y el verbo. Judith, por otra parte, respondía a los estudiantes con una o dos palabras escritas con trazos rápidos en la última página.

Yo sabía, por experiencia, que esto lo hacía también en el taller de postgrado. En una oportunidad me devolvió una historia en la que había escrito una sola palabra al final, "dicción". Reflexioné sobre el significado de esta palabra durante días. ¿*Dicción?* Sin lugar a dudas, mi historia tenía dicción. ¿Qué parte del escrito no la tenía? ¿Era esa dicción fuerte o débil? ¿Era intermitente? Yo examiné una y otra vez mi borrador, poniendo en duda cada una de mis elecciones de términos, bajándoles el tono en muchos casos y luego volviendo a subir el volumen del léxico. Después, eliminé los modificadores, terminando los adverbios con extremado prejuicio. Aún no quedaba satisfecha. Por último, volví a escribir toda la historia en lenguaje sencillo antes de eliminarla por completo. La dicción *era* un elemento de distracción. En el siguiente trabajo que presenté en el taller, ella escribió en el margen "hoi polloi". Ya se estaba terminando el semestre y yo estaba demasiado agotada como para iniciar otro escrutinio exhaustivo de mi trabajo, por lo que decidí interpretar esta enigmática anotación como una afirmación. Sí, hoi polloi; muchos, la mayoría. En esta historia yo *había escrito* una escena de grupo, de modo que *kudos* para mí por ese comentario.

A pesar de este comentario tan escueto, las observaciones de Judith en el taller fueron profundas e incisivas. Podía detectar y explicar problemas fundamentales en el escrito de forma atractiva y convincente, mientras que yo simplemente me refería de paso a estos aspectos en mis cartas excesivamente extensas a los estudiantes. Además, Judith también sabía detectar mérito y promesa aún en los escritos más rudimentarios presentados en el taller. Además, poseía un agudo ingenio. La risa de Judith fluía sin esfuerzo, como una manotada de monedas que se lanzaran sobre la mesa del seminario, en respuesta a los comentarios de los estudiantes y los asistentes al taller se divertían en grande con sus observaciones. En una oportunidad, después de leer una historia, dijo, "Estoy un poco preocupada por el minivan blanco que intenta atropellar a la misma peatona —la mujer de edad, la latina de baja estatura— en esta historia. Piense en su lector. Por ejemplo, ¿cómo se supone que *yo* deba interpretar esto?". Con un amplio movimiento de su mano, Judith se refería a su característica de latina de corta estatura, de una cierta edad. El estudiante que había escrito la historia se ruborizó, pero estalló en una carcajada junto con Judith. Yo también reí, mientras que pensaba con desprecio en la forma como había escrito mi crítica, en la que había desmontado la agresión vehicular en la narración para reflejar en ella la ambivalencia/resistencia multicultural, comparando el minivan blanco con la gran ballena de

Melville y citando a Toni Morrison sobre el hecho de ser blanco y el temor, mientras había pasado por alto la conexión más obvia que era la que Judith había forjado.

En el taller de pregrado, los estudiantes recibieron el trabajo que les devolvió Judith frunciendo el ceño desconcertados cuando vieron sus evaluaciones expresadas en una sola palabra. De nuevo quedaron perplejos, y luego desencantados al recibir mis copias con largas críticas a espacio sencillo. El cocodrilo y el chorlito: Judith me permitió compartir con ella algunos trozos y frases, permitiéndome refinar mi estética y a la vez satisfacer la necesidad de los estudiantes de contar con una atención detallada, aunque fuera alarmantemente obsesiva de su trabajo. Además, en este taller, y en los siguientes talleres en los que ayudé a Judith, ocasionalmente tenía que dejar de dar una clase para cumplir sus obligaciones dentro de la comunidad literaria en general. Cuando ya no asistía, yo dirigía el taller de modo que nunca se cancelaba la clase, a pesar del recargado programa de viajes de Judith. Con este arreglo entre nosotras, Judith podía abordar sus vuelos plenamente segura de que yo me desempeñaría sin problemas en su ausencia, y así, se inició la simbiosis —la etapa incipiente de nuestro comadrazgo.

Al finalizar esta etapa inicial, después de haber compartido más de unos cuantos talleres juntas, Judith vino una tarde hacia mí, en el corredor de Park Hall, batiendo en su mano una hoja de papel amarillo que brillaba intensamente en los oscuros corredores.

—Mira esto —dijo, con voz jadeante, como si hubiera estado corriendo por todo el edificio, subiendo y bajando escaleras buscándome—. Debes presentar tus historias para esto.

Me entregó la hoja color canario, un pequeño desprendible de Curbstone Press que anunciaba el primer Premio Miguel Mármol para un libro de ficción escrito en inglés por una persona latina.

Yo miré la hoja de arriba abajo y me di cuenta de que el premio era de $1.000 además de la publicación del libro para quien ganara este concurso, así como el requisito de enviar múltiples copias del manuscrito por UPS.

—No creo estar lista —respondí a Judith.

—Tus historias —dijo—. Claro que estás lista.

Consideré el costo de copiar las páginas impresas y enviar la obra. Pensaba también en los muchos papeles de rechazo que había recolectado con mis historias y poemas en los años recientes. No cabía duda de que la posibilidad de ganar era mínima, y además muy costosa.

Como si me leyera el pensamiento, Judith dijo:

—No quiero escuchar tus excusas. Nunca ganarás nada si, al menos, no lo intentas.

—Está bien —le dije.

Doblé la hoja y la guardé en mi bolso, convencida de que no haría nada más al respecto. Esperaba que ella pronto lo olvidara. Pero Judith tiene una memoria prodigiosa, su mente es un archivo enciclopédico de conocimientos esotéricos sobre temas que van desde la química del cerebro hasta cuentos folclóricos de todas partes del mundo. Sin embargo, puede ser impredecible cuando se trata de hacer seguimientos, con frecuencia me sugiere ideas para progresar y rara vez confirma si he seguido su consejo. Probablemente pensaba que esas cosas dependían de mí y que ya después de habérmelo aconsejado se le salían de las manos. El comadrazgo promueve beneficios mutuos, no dependencia. Esperaba que ésta fuera una de esas veces en que a Judith se le olvidaría que me había instado a que aprovechara una oportunidad.

"¿Ya te presentaste a ese concurso?", me preguntó a la semana siguiente. "¿Cuándo vas a reunir historias para el Premio Mármol?", preguntó sólo unos pocos días después de que le asegurara que presentaría un manuscrito. La tercera vez que preguntó, supe que tendría que resolver el asunto. Resultó más fácil reunir dinero suficiente para las copias y el envío del manuscrito que seguir mintiendo a Judith, así que eso fue lo que hice.

El día que se cerraba el plazo para mandar un trabajo al concurso, corrí a un almacén de suministros de oficina a copiar y enviar mi manuscrito. Las copiadoras demostraron ser caprichosas, pasé de una a otra importunando constantemente al dependiente para que me ayudara cuando se trabaran y me consiguiera más papel. Se aproximaba la hora límite dentro de la que la UPS recoge envíos. Por último, cuando sólo quedaban unos minutos, pedí al mismo dependiente exasperado que enviara mi paquete por correo. El lugar estaba lleno de clientes, la atmósfera en el kiosco de copiado era cada vez más densa, y se caldeaban los ánimos. El dependiente me regañó por algo que hice mal y yo le respondí de mala manera. Discutimos antes de que pegara de un golpe el rótulo en mi paquete y lo embutiera en un estante. No lo va a enviar a tiempo, pensé, y salí de allí disgustada, con la sangre pulsándome en los oídos y los ojos llenos de lágrimas.

Al menos no decepcionaría a Judith y no tendría que mentirle la próxima vez que me preguntara acerca del concurso. Pero jamás volvió a preguntar.

Tuve que recordárselo después de que recibí un correo electrónico del director de Curbstone Press, en febrero del año siguiente. Aparentemente lo había olvidado por completo.

—¿Qué concurso? —había dicho—. ¿Que *yo* te hablé de él? ¿Cuándo fue eso?

—El pasado otoño —le dije—. ¿No lo recuerdas? ¿Esa hojita amarilla que me diste?

Me miró apretando los ojos.

—¿Estás segura?

Yo asentí.

—De cualquier forma, quería decirte que la editorial me escribió.

—¿*Y*?

—*Gané* Judith. *Gané*. El libro se publicará el año entrante.

El rostro de Judith se tornó incandescente.

—¡Santo cielo! —me acercó a ella y me dio un abrazo—. Es maravilloso —dijo, su voz vibraba entre mi pelo—. Estoy tan orgullosa de ti —cuando nos separamos me miró con un gesto indagador—. Pero, ¿no era verde esa hojita?

Más tarde, esa noche, después de que celebramos con la cena, regresé a mi casa a revisar las hojas apiladas cerca a mi computadora, papeles que habían estado listos para archivar desde hace más de seis meses. Vi la hoja de color intenso y la acerqué a la luz: era verde, verde neón, estaba lejos de ser amarilla.

• • •

Es muy frecuente que Judith me impulse hacia oportunidades en las cuales yo generalmente no me interesaría debido al costo o al tiempo y esfuerzo que implicaban. Me había animado a viajar para asistir a conferencias en Baltimore, Austin, Nueva Orleans, inclusive en Puerto Vallarta y Cabo San Lucas, en México. Judith me mostró cómo conseguir financiación para estas conferencias. Cada año, mientras viví en Georgia, viajábamos a Augusta para la conferencia anual de escritores en el alma mater del postgrado de Judith. Allí nos quedábamos en el Partridge Inn, que antes fuera un lugar muy elegante donde disfrutábamos los cocteles que bebíamos en la terraza y hablábamos con cualquier persona que pasara. Parecía que no podíamos ir a ningún sitio en Augusta sin que alguien reconociera a Judith y se detuviera a hablar con ella. Con frecuencia me sentía como parte de una pequeña corte.

Tenía una casa no lejos de Augusta y, después de la conferencia, me invitó a quedarme unas noches en la granja donde vivía con su esposo John, cerca de Louisville. Ya le había preguntado antes a Judith qué cultivaban en la granja. "Gatos", dijo, y yo reí, mientras pensaba que esta era una de sus rápidas respuestas a preguntas obvias. Cuando llegué a la granja ese húmedo día de primavera, descubrí que hablaba en serio. Judith y John no criaban nada más que gatos en su granja, la mayoría de ellos eran animales que habían sido abandonados en el campo y muchos más que se propagaban entre sí de forma que cada lugar sombreado en la proximidad, los alrededores y el sótano de la casa estaban repletos de gatos de todos los tamaños y colores. John compraba cantidades de bolsa de cincuenta libras de alimento para gatos para sostener estas criaturas junto con recipientes llenos de agua potable para ellos, a pesar de que muy cerca había un enorme estanque.

En mi primera visita, una pequeña gatica color óxido se aferró como un abultado prendedor a mi suéter, cuando me agaché para ver de cerca una camada. La criaturita tenía un "maullido defectuoso", dijo Judith, antes de hacerme notar que la gatica abría su boca para maullar pero no producía ningún sonido hasta después de un tiempo considerable. Como un actor en una película extranjera mal doblada, su vocalización sólo era audible después de que su boca se había cerrado. Todo el día lucí mi accesorio de gata, meciéndola en el porche de Judith durante la tarde, mientras hablábamos. "Es tuya", me dijo Judith, señalando a la gatica, "si la deseas". Claro que quería a esta criaturita color óxido con su maullido retardado, mi cálido y ronroneante prendedor. Durante mis cinco años de estudios de postgrado mis hijos habían dejado de ser adolescentes para convertirse en adultos y me agradaba la idea de tener una nueva responsabilidad en mi casa que iba quedando cada vez más vacía. Recuerdo los gatos altivos y no muy costosos de mantener que había en la casa de mi familia cuando era pequeña. Al imaginar que esta pequeña gatita que se aferraba a mi pronto crecería para convertirse en una felina independiente que buscaría descansar en los poyos de las ventanas como una sofisticada escultura.

La gatica era demasiado pequeña para llevarla conmigo al término de la visita, pero en unas cuantas semanas, Judith me trajo a Rusty a Athens. "¿Conoces a alguien más que quiera un gato?", me preguntó después de entregarme la caja. "Los menonitas nos dejaron otra camada". Judith solía quejarse de que sus vecinos anabautistas le enviaban todos los gatos abandonados que no podían cuidar. Le prometí que investigaría. "Ya sabes", me dijo, "dicen que, realmente, es más fácil criar dos gatos que uno". Consideré las implicaciones de la caja de arena sanitaria de los gatos que esta afirmación implicaba y disentí con la cabeza. Después de esto, me dio las gracias, de forma algo extravagante, por librarla a ella y a John al menos de un gato.

La efusiva gratitud de Judith y el hecho de que no mencionara la tendencia de la gatica a maullar con la boca cerrada como un ventrílocuo, sin parar, mientras iba en un auto, sumada a la tendencia inicial de Rusty de aferrarse a mí, debió haber sido una indicación temprana de que mi ideal de la gata en el poyo de la ventana nunca llegaría a ser realidad como resultado de esta transacción. Con cada día que pasaba, Rusty se fue haciendo cada vez más social, más expresiva —aunque manifestara su expresividad sin abrir la boca— y más exigente en sus necesidades de afecto. Normalmente advertía a mis invitados que mantuvieran sus piernas cubiertas para evitar que se les subiera encima y me veía obligada a encerrarla en el sótano cuando llegaban los trabajadores porque ella no los dejaba solos ni un momento y les impedía trabajar. Debía explicar a las visitas que esto no significaba que yo no le prestara atención.

—No es porque no la consienta y no juegue con ella. Lo hago. ¡*Lo hago* todo el tiempo!

—¿Cómo está Rusty? —solía preguntarme Judith.

—Muy bien —le respondía, sin detectar más que un rastro de sonrisa burlona ante la suavidad de mis respuesta. Probablemente este maldito gato vivirá por siempre, pensaba para mis adentros. Pero Rusty vivió menos de una década y ese prendedor felino tan necesitado de afecto prácticamente me rompió el corazón al morir. Escribí una historia sobre Rusty en la que la describí con patas blancas y la convertí en una irritante gata salvaje. La historia se llamó "Botas de azúcar" y formaría parte de mi siguiente colección de relatos cortos de ficción, un libro que me significó un prestigioso premio nacional. Durante la cena de premiación en Washington, D.C., estuve sentada cerca a una de los jueces que seleccionó mi libro como finalista y ella me dijo:

—No puedo olvidar esa historia de la gata. A todos nos conmovió profundamente.

Rusty, aún maullando con su boca cerrada, se hacía querer de los extraños y, naturalmente, Judith, al darme esta pequeña gatica, tuvo también una parte en esto.

Después de obtener mi título de doctorado de la Universidad de Georgia, fui contratada para enseñar composición en una universidad de mujeres en Gainesville, Georgia. En agosto, estaba encantada de haber encontrado un trabajo en un mercado laboral cada vez más restringido y ansiosa por enseñar las cuatro secciones de composición que me habían sido asignadas. Para septiembre, mi entusiasmo decayó como resultado del largo recorrido que tenía que hacer a diario para llegar de mi casa al trabajo y de vuelta a mi casa y el desafortunado contraste entre los estudiantes a quienes había enseñado en la Universidad de Georgia y el grupo mal preparado y subeducado de jóvenes mujeres resentidas en esta universidad de artes liberales, muchas de las cuales carecían de las más básicas habilidades de lectura y escritura. Para octubre, llegué al punto más cercano que jamás había estado a una depresión. Durante esta época había nacido mi primera nieta, de mi hija, una madre soltera que regresó a casa a vivir conmigo para que yo pudiera ayudarle. Entre cuidar a la bebé y calificar los trabajos de la universidad, no me quedaba tiempo para pensar en mi propio trabajo como escritora, y ya no podía acompañar a Judith a las ventas de garaje de las que solía disfrutar en el pasado. Lo llamábamos "Navegar por los patios" y salíamos los domingos por la mañana sin ningún plan ni estrategia, fuera de la intensión de guiarnos por los letreros hechos a mano que anunciaban estas ventas por las calles suburbanas de Athens.

—Tenemos que sacarte de ahí —me dijo Judith, la cuarta o quinta vez que rechacé su invitación de ir a navegar por los patios con ella y con otra amiga.

Estaba demasiado cansada para hacer cualquier cosa fuera de asentir con la cabeza.

Unos años antes, Judith había trabajado como escritora invitada durante un semestre en la universidad de Vanderbilt en Nashville. Fue un cargo prestigioso que le representó conexiones con influyentes miembros del profesorado de ese centro educativo que tenían cargos de tiempo completo. Cuando en esa primavera se anunció la disponibilidad de una posición para una escritora de ficción en Vanderbilt, Judith me animó a que presentara mi solicitud. De nuevo experimenté esa sensación familiar de inutilidad. Mis únicos logros que podía utilizar como recomendación eran un premio y un libro publicado por una casa editorial desconocida e independiente. Pero Judith fue insistente.

—Tienes que presentar tu solicitud —me dijo.

Actualizó su carta de recomendación para mí y llamó a sus amigas y antiguas colegas de Nashville para recomendarme. Para mi sorprendida incredulidad, fui invitada a visitar la universidad en el otoño. Fui la única candidata invitada a Vanderbilt para presentarme a una entrevista para el cargo. Sin embargo, quedé sorprendida cuando la directora del departamento me llamó unos días después para ofrecerme el cargo de profesora titular en el que enseñaría dos cursos por semestre, con la oportunidad de tomar una licencia académica de un semestre a un año cada cuatro años para dedicarme a mi trabajo de escritora.

Cuando llamé a Judith a darle la noticia, dijo:

—No me sorprende. Tú puedes lograr lo que sea, si te lo propones.

No pude menos que preguntarme —hasta cierto punto— si se refería más a ella misma que a mí.

El prominente crítico y erudito de la literatura latina, el ya fallecido Juan Bruce-Novoa me identificó en una oportunidad como una escritora de segunda generación en un artículo crítico sobre mi obra. Dijo que yo era "una de las nuevas y privilegiadas escritoras que han aprendido el oficio con una mentora latina de reconocido prestigio, en este caso, Judith Ortiz Cofer". Pero la mentoría es sólo un aspecto del comadrazgo, y al leer esto, se podría concluir que dicha relación es unilateral, y que beneficia más a una parte que a la otra. En la historia de Denise Chávez, el compadre de la madre de Rocío también parece aprovechar todas las ventajas que se derivan de esta conexión. Pero ese es sólo un punto de vista, el de una hija agraviada que se queja de los inconvenientes que tiene que afrontar, de la misma forma que yo me inclino aquí a informar lo que puedo entender con mayor facilidad —los muchos actos de benevolencia y generosidad que mi comadre ha tenido conmigo.

Si me separo por un momento de la enormidad de mi gratitud hacia Judith, podría tener una visión fugaz de mis pequeños intentos de reciprocidad, fuera del hecho de reemplazarla en sus clases para que pudiera viajar. Desde que llegué a Vanderbilt, me encuentro en mejor posición para ofrecer más beneficios de comadrazgo. Hace años, fui coeditora de un volumen de ensayos críticos sobre la obra de Judith. Por predestinación o presciencia, mi coeditora y yo titulamos la obra *La carga de ser medium*, y eso es lo que ha sido, una carga. A pesar de los problemas para publicarla y de que los editores menosprecian los textos críticos escritos por autores múltiples, hemos perseverado, año tras año, actualizando la obra y volviéndola a enviar una y otra vez. Hace apenas pocos días nos hemos enterado que nuestros denudados esfuerzos han dado fruto: Caribbean Studies Press aceptó el libro para publicación. La primera edición hecha por la casa editorial a la obra es la indicación de cambiarle el título. Además de esto, he escrito para recomendar a Judith como candidata a diversos premios. Hace poco recibió el Governor's Award de el Concejo de Humanidades de Georgia, un bien merecido y retardado honor, para el que tuve el placer de nominarla. Yo enseño y comento sus libros y la invito a hacer presentaciones y lecturas siempre que tengo la oportunidad de hacerlo. Sin embargo, la dinámica no ha cambiado: sigue siendo la escritora latina canónica y yo sigo siendo la novata, a pesar de que tenemos prácticamente la misma edad.

El comadrazgo, tal como lo entendí en mi niñez y mi juventud, describe también la relación que se forja cuando se acepta ser madrina o padrino de alguien. Si amplío esta analogía, tendría que decir que Judith y yo somos las madrinas mutuas del bautizo de nuestra obra literaria cuyo desarrollo protegemos y guiamos mutuamente. Gracias a Judith, ahora sé que el vínculo entre un mentor y su discípulo se prolonga mucho más allá de la fecha y el grado en que se confiere; que dicha relación puede alimentar una semilla que florece en una relación de por vida, una fuente de apoyo y satisfacción mutuos entre maestra y discípula, que en último término se convierten en colegas confiables, amigas devotas y apreciadas, y por último en comadres, un compromiso que ambas aceptamos sin vacilación al considerar todos los términos de este contrato perenne. Una lista de difíciles interrogantes planteados a nosotras mismas que por último respondimos a través de la madre de Roció con una sola palabra resonante y repetida:

—¡Sí!

CARTAS DE CUBA

Fabiola Santiago

A veces, cuando sueño despierta, en ese espacio tranquilo y seguro de la meditación que precede al momento en que me entrego al sueño, regreso al antiguo vecindario de mi adorada ciudad de Matanzas, a la orilla del mar y, en mi imaginación, recorro las calles de mi infancia. Comienzo en el boulevard que rodea la bahía, el General Betancourt, en el punto donde se intercepta con el Bar Yiya, un lugar de reunión familiar de mi niñez a pesar del nombre de este pozo de agua, y subo por la calle que se cruza en este punto, la Calle Levante, mi calle.

Toda una vida más tarde y a un país de distancia, sigo llamando a la calle Levante mi calle y el cálido sol del Caribe que puedo sentir sobre mi piel sigue siendo mi sol. Volteó a la izquierda por El Pilar, en la esquina donde hay una casa detrás de hileras de arbustos silvestres de cayena florecidos, y paso frente a mi escuela y frente a la casa de una tía para visitar una amiga en Reparto Cuidamar. En mis sueños, esta casa tiene una pequeña verja de hierro negro forjado y un lindo jardín lleno de arecas y mi mejor amiga, Mireyita, abre la puerta.

—Soy yo —le digo—. Aquí estoy. He vuelto a casa. ¿No me reconoces? ¿No me recuerdas, Fabiola, tu mejor amiga?

· · ·

En el momento en el que veo la sonrisa de Mireyita, caigo en un sueño profundo y tranquilo. Mireyita fue mi amiguita inseparable durante mi niñez en Cuba. Comenzamos nuestras vidas juntas, nuestros cumpleaños estaban a sólo dos meses de distancia. Los sábados, asistíamos al catecismo en La Milagrosa, los domingos íbamos a misa, y caminamos juntas por la Nave Central hacia el Altar para recibir nuestra Primera Comunión. Fuimos inseparables durante la mayor parte de la escuela elemental, reuniéndonos siempre durante el recreo, esforzándonos por obtener las mejores calificaciones de la clase, hasta que mis padres, mi hermanito y yo huimos del país a comienzos de mi sexto año de colegio, en una huida hacia La Libertad el 7 de octubre de 1969.

Mireyita y yo teníamos diez años. Yo no quería irme. Recuerdo fragmentos de una conversación acerca de esconderme para que mis padres no pudieran irse de la isla sin mí. Recuerdo a Mireyita aconsejándome que no hiciera eso. Siempre fui más impulsiva. Ella fue siempre "una niña fina", como decía mi madre, una niña buena, bien educada. Recuerdo haber aceptado mejor la idea de irme después de que Mireyita y yo lo habláramos, con ese aire de niñas mayores que adoptábamos para hablar de los temas de la moda y de los muchachos, refiriéndonos a la posibilidad de que en los Estados Unidos, podría tener un par de botas blancas hasta la rodilla, a la última moda. Algo que era poco probable poder adquirir en una isla pequeña y hermética, me aferré a la idea de esas botas en el momento en que nos despedimos en medio del llanto. Como regalo de despedida, Mireyita me dio un frasco de perfume pequeñísimo, de madera, con un paisaje de una playa y la inscripción "Cuba".

—Para que no te olvides de mí —me dijo.

Me repetía esto una y otra vez en sus cartas.

He mantenido ese frasquito de perfume todos estos años en un lugar de honor entre mis más preciados libros y retratos de mi niñez, al lado de mi cama. Ese pequeño frasquito fue una de las pocas cosas que pude traer conmigo en esa huida hacia una nueva vida. Sería ese frasquito el que me inspirara, décadas más tarde, en mi trabajo creativo, a dividir mi primera novela, *Reclaiming Paris*, en capítulos titulados con los nombres de los perfumes que había usado y amado.

Durante mi primer y triste año de exilio, Mireyita y yo nos escribíamos con la frecuencia que podíamos hacerlo. Las comunicaciones entre los dos países, sin relaciones diplomáticas y con líneas telefónicas inadecuadas, eran difíciles. Las cartas se demoraban tanto en atravesar esas noventa millas desde Florida —de tres a seis meses, debido a que tenían que venir por un tercer país, por lo general México— que lo que nos escribíamos eran ya viejas noticias para cuando nos llegaban.

Pero para nosotras eran nuevas, y teníamos que conformarnos con eso.

Una carta de Cuba era un hito en nuestro día. Por corta que fuera, una carta traía noticias de casa y nos mantenía conectadas con los seres queridos. Más que una carta, las palabras sobre el papel era lo más cercano a una visita personal que podíamos esperar recibir, lo más cercano a volver a casa. A través de las historias contadas en las cartas podíamos regresar a nuestro antiguo estilo de vida, podíamos seguir encontrando una forma de esperar un posible regreso.

Una carta era algo mucho mejor que recibir un telegrama amarillo de la Western Union, en especial si no era el día de tu cumpleaños. El telegrama siempre significaba malas noticias enviadas en el menor número posible de palabras:

Murió tu hermana.
Murió tu madre.

O, días antes de la muerte. El telegrama más misericordioso porque las palabras indicaban esperanza aunque representara un presagio de muerte:

Grave en hospital Ramona.

Un telegrama sólo era bienvenido con la ocasión de un cumpleaños, aunque nos dejara con deseos de haber recibido algo más:

Felicidades en tu día.

Las cartas de Mireyita me traían el tipo de noticias que quería oír, relatos de nuestros amigos en la escuela. En las cartas de otros amigos y miembros de la familia, puedo sentir el trazo de una línea sobre la arena entre quienes se quedaron (los desafortunados) y quienes nos fuimos (los afortunados). En las cartas de Mireyita sólo siento una pérdida compartida. Ella perdió a su mejor amiga. Yo a la mía. Nuestro dolor es igual. Esas cartas son mi tesoro, una de las pocas y escazas conexiones con una niñez

rota con una patria que escasamente recuerdo. Le confieren
inmortalidad a mi niñez, sin importar las pérdidas. Confirman
quién era yo cuando la revolución política convirtió mi mundo
en algo turbulento, pero mi vida estaba compuesta de simples
alianzas como la que existía entre Mireyita y yo.

Leo y releo las cartas de Mireyita para volver a encontrar la
niña que una vez fui, entre la niebla de recuerdos distantes, sa-
cándola del distanciamiento resultante de un viaje que nos había
separado por tantas millas recorridas.

"Nunca me olvides", escribe en casi todas sus cartas. En un
sobre me envía una fotografía de estudio en blanco y negro.
"Dedico esta fotografía a mi amiga favorita con todo mi cariño", escribe en el anverso, con la caligrafía más linda que jamás
haya visto enmarcando esas palabras escribe en letras de molde:
TE RUEGO GUARDAR SIEMPRE ESTA FOTOGRAFÍA
COMO UN RECUERDO MÍO.

Es un recuerdo de las dos, de quienes éramos.

Niñas riendo disimuladamente en la clase de catecismo, niñas
que querían tocar guitarra y cantar como monjas celestiales,
niñas que pensaban que nuestro sacerdote canadiense, el Padre
Rolando, era muy bien mozo. Niñas que jugaban jacks. Yo, la
campeona del barrio, sólo me permitía perder cuando jugaba
con Mireyita, quien lloraba cuando perdía demasiadas veces.
¿No son para eso las amigas, para darnos ánimo, para mostrar-
nos lo que podemos hacer y lo que podemos llegar a ser?

Nuestras primeras vacaciones en el exilio, diciembre de 1969,
ese año de una pérdida inenarrable y de nuevos comienzos,

Mireyita me envió una tarjeta de navidad pintada a mano en un pequeño pedazo de papel rosado. Pude darme cuenta de que había calcado el dibujo de otra imagen de un bastón de dulce rodeado de ornamentos y de ramas de pino de países del norte en donde la navidad es blanca.

"Para mi mejor y más sincera amiga", escribió Mireyita debajo de su dibujo. "¡Muchas Felicidades!".

No recuerdo que la Navidad en Cuba haya tenido jamás esas imágenes norteamericanas y recuerdo lo extraño que fue recibirlas enviadas desde Cuba. Pero ahora puedo ver con ojos de persona adulta, las suaves manos de mi dulce amiga esforzándose al máximo por dibujar en un intento por conectarse conmigo, por ser parte de la nueva vida —que, en su imaginación ensoñadora, incluiría probablemente una Navidad con todos los detalles— lejos estaba de saber que las fiestas de una persona refugiada no tienen nada que ver con los detalles, sino con llorar por lo que ha quedado atrás, con recordar a los que quedaron lejos y soñar con las *navidades* del pasado, las fiestas de Nochebuena en casa, con los seres queridos, lejos estaba ella de saber que esa solitaria muñeca bajo el árbol de regalos heredados hace que una niña pequeña se sienta agradecida, pero que experimente una soledad aún mayor, porque no tiene a Mireyita para compartir la alegría de un regalo.

En una carta de fecha 3 de febrero de 1970, me enteré de que esa tarjeta de navidad no era el primer correo que me enviaba desde que nos fuimos de Cuba en octubre. Pero su primera carta nunca llegó. Dice que me vuelve a escribir porque no entiende por qué yo no le escribo si ella ya me ha escrito dos veces. Le contesto y le explico que no he recibido sus cartas e incluyo un pequeño regalo dentro del sobre.

Leer las cartas que vinieron después me parte el corazón.

"Fabio", comienza una carta Mireyita con fecha del 21 de mayo de 1971, "el otro día fui a una fiesta con el pañuelo que me enviaste y todos dijeron '¡Qué lindo pañuelo! ¿Quién te lo dio?' y yo les dije que tú me lo habías dado, y todas dijeron, '¡Fabiola! Ya sabía que te recordaría porque eran muy buenas amigas' ".

Me cuenta, con esa inocencia de la que sólo es capaz una niña, lo que ha ocurrido con nuestro grupito de amigas. "Siempre te echamos de menos en el colegio, sobretodo yo, porque cuando salimos a almorzar, o a recreo, todas tienen con quién estarse, pero yo no te tengo a ti", dice. Aún hoy no puedo leer esta carta sin que se me llenen los ojos de lágrimas. Va nombrando las parejas de niñas y dice que las amigas se están impacientando de verla siempre triste. "Siempre que jugamos jacks, comienzo a llorar y Lourdes me pregunta, '¿Por qué lloras, Mireyita?', y yo le digo, 'Porque me hace mucha falta Fabiola. Todas ustedes tiene amigas, pero yo no tengo ninguna' ".

He guardado por toda una vida las caras de Mireyita en una bolsa plástica vieja, pero resistente, tan bien, como una reliquia del pasado. Originalmente, había sido la bolsa de una prenda de ropa de mis primeros días como niña refugiada, algo que no recuerdo, de talla *small*, y según el pequeño letrero blanco impreso en el plástico, era marca "Sara Dee, la marca exclusiva de la E.S. Novelty Co. de Nueva York". Para mí, este paquete de cartas no tiene precio, es una de esas posesiones que uno sacaría de un lugar en llamas antes de huir. En cada momento significativo de mi vida —grados, matrimonio, maternidad y divorcio— he recurrido a estas cartas en busca de algo que nadie más me puede dar. Las he buscado para encontrar la niña que creció a la orilla del mar en el pueblo cubano de Matanzas, cuyo nombre proviene de la matanza de los españoles a manos de los astutos taínos que engañaron a los conquistadores haciéndoles creer que les estaban ayudando a cruzar el río y en cambio los ahogaron. En mis sueños y a pesar de la historia de entonces y de ahora, es un lugar apacible.

Durante el verano de 1970, mi primer verano en los Estados Unidos, las cartas de Mireyita me cuentan que otras amigas se han ido de nuestro barrio: Bertha Elena y su hermana Miriam, quien fuera la novia de la infancia de mi hermano, y Lourdes, cuyo padre era un médico respetado. Los veo a ambos en Miami. En ese entonces, siempre que alguien llegaba, íbamos de visita, nos reconectábamos aunque fuera para tomar cada cual caminos diferentes: uno iba para Nueva Jersey, el otro iba para Texas.

Con cada nueva amiga que partía, puedo sentir cómo aumenta la tristeza de Mireyita. Me pide que le mande Chiclets. Su madre pide que le pida a mi mamá que le mande agujas para su máquina de coser, N.11, porque en Cuba no se consiguen y ella no puede coser. Confiesa que aún se siente sola, pero que ahora trata de no demostrarlo sólo por una razón: "Les tengo miedo". Algunas de las que fueran amigas nuestras andan ahora con un grupo de niñas "muy chusmas". Después me cuenta de los nuevos libros de la clase de catecismo. "Hace tiempos que había dejado de ir porque estaba aburrida", escribe Mireyita. "Tú eras la única que me entretenía".

En otra carta escribe acerca de la escasez de alimentos, con el sentido de humor de un adulto, algo no habitual en ella. "Amiga mía ¡de lo que te estás perdiendo! El otro día en la bodega tenían maíz dulce y en la carnicería tenían patitas de cerdo saladas. ¿Ves lo bien que nos va?". Esa sería la última carta que recibiría de Mireyita. Los años setenta fueron la década más represiva de la historia contemporánea de Cuba. El simple hecho de tener una amiga en los Estados Unidos era señal de disentimiento, de "diversionismo ideológico". Es probable que hayan sido nuestros padres quienes, con mucho tacto, pusieron fin a nuestra correspondencia infantil.

Hubo casi cuarenta años de silencio entre nosotras.

Cuatro décadas después de que Mireyita y yo nos hubiéramos visto por última vez, la víspera de mi partida, cuando yo había perdido toda esperanza de volverla a ver alguna vez, recibí un correo electrónico de otra de nuestras amigas en Matanzas, Bertha Elena. Por un corto tiempo vivió en el mismo edificio de apartamentos en Hialeah en el que vivía mi familia, pero luego se mudó a Nueva Jersey, hace muchos años y se instaló en esa ciudad. Me dice que Mireyita está en Miami y quiere comunicarse conmigo. Tengo que leer y releer su correo varias veces para convencerme de que es cierto: Mi dulce y adorable amiga está aquí y puedo verla. Puedo hablarle. Puedo estar con ella. Puedo viajar en el tiempo. Puedo conectarme con el pasado.

Me pregunto por qué no me habrá escrito ella misma. Pero luego lo entiendo, esto es algo muy difícil para ella. Yo vivo con mis recuerdos, yo embellezco mis sueños. Ella vive en una realidad mucho más dura. Mireyita está iniciando una vida nueva de cero, en un momento en el que, supuestamente, ya deberíamos estar viviendo tranquilas nuestra edad madura, cuando nuestros hijos están ya casándose y cuando en poco tiempo estaremos esperando la llegada de nuestros primeros nietos. Para ella la vida tiene que ser muy difícil, eso pienso, y de inmediato siento el deseo de ayudarla a comenzar de nuevo. Bertha Elena me da el correo electrónico de Mireyita, pero, antes de escribirle, busco de nuevo el viejo paquete de cartas. Encuentro su fotografía y la pongo frente a mí mientras le escribo un correo. Mireyita contesta un par de días después. Me envía su número de teléfono y la llamo de inmediato.

Nos toma apenas unos segundos decirnos mutuamente que, a pesar de la distancia, a pesar de los silencios, a pesar de todo lo que no sabemos una de otra, seguimos siendo esas dos niñas pequeñas que jugaban jacks (taba, en España), que iban a clase de catecismo, que se escribían hasta que las circunstancias las obligaron a no hacerlo más. Hicimos planes para encontrarnos y aún me cuesta creerlo, pero no debía ser incrédula: Lo que fuera que quedara de nuestra generación en Cuba está experimentando ahora otro éxodo de personas que buscan una mejor vida para sus hijos, que saben que el verdadero cambio democrático tal vez sea algo que nunca lleguemos a ver durante nuestra vida.

Conduzco hasta el edificio de apartamentos donde Mireyita

está viviendo con la familia de su esposo. Me espera afuera y nos abrazamos en el estacionamiento, con el motor de mi auto todavía encendido. Me parece estar soñando, como si de un momento a otro fuera a despertar y esto no hubiera sido más que una ensoñación de mi adorado Matanzas. Pero conozco esta cara; los finos rasgos enmarcados por un peinado impecable ahora con mechones rubios, que me mira con lágrimas en los ojos, un rostro tan familiar como el mío. Conozco a su hija, que tiene aproximadamente la misma edad de mi segunda hija, y veo en sus ojos a la joven mujer que debió ser Mireyita y que debí ser yo en el momento en que nos encontrábamos tan lejos una de otra. Las llevo a almorzar a un colorido restaurante mexicano cerca de mi casa, los mariachis que van de mesa en mesa dan un tono festivo a nuestro encuentro y después las llevo a mi casa para muchas más horas de conversación y reconexión.

Se me ocurre entonces que mi segunda hija, que está viviendo a tres millas de distancia para poder ir a estudiar, ha dejado un clóset lleno de ropa que le serviría a la hija de Mireyita; hay algunas cosas totalmente nuevas, todavía con el tiquete del precio, del almacén mayorista en el que trabajó mi hija mientras estaba en la secundaria. Recuerdo la felicidad que sentí durante los primeros años de exilio cada vez que mi madre llegaba de la fábrica con una bolsa llena de ropa para mí de una amiga que tenía una hija mayor. Por muchos años me vestí con esa jaba compuesta por minifaldas y hermosos vestidos de última moda. Le entrego a la hija de Mireyita una bolsa de compras vacía y le digo que vaya y se lleve todo lo que le guste. "¡Anda, vete de compras aquí en mi casa!". Le digo lo feliz que estoy, siento que mi corazón revienta de alegría. Mireyita y yo la dejamos ahí y volvemos a la sala de estar. Hablamos toda la tarde como las amigas que somos, que siempre seremos, sin importar las distancias.

Han pasado casi cuatro años desde que Mireyita llegó a Miami y se podría pensar que ya no necesitamos escribirnos más. Pero lo hacemos. Nuestras vidas son muy agitadas y las distancias en Miami, siempre en expansión, son inmensas. Ahora nos escribimos libremente por e-mail y nos enviamos mensajes a nuestras páginas de Facebook. Me encanta ver cómo Mireyita, que en Cuba era ingeniera y ahora es maestra sustituta, y su hija, que se graduó de la universidad con un grado en finanzas, se están abriendo camino en este país, comenzando de nuevo, como lo hicieran mis padres hace tantos años, ya en su edad madura. Sus propios padres ya fallecieron y dejó un hermano en Cuba. Me pregunto si para ella el exilio es tan triste como lo fue para mí en esos primeros años, pero no se lo pregunto.

Me da la impresión de que está contenta. Sus correos vienen llenos de caritas felices y guiños. Me envía fotos de sus vacaciones en Marco Island y Chicago. Me hace reír muchísimo cuando me escribe en su inglés recién aprendido. Es como si fuéramos niñas jugando de nuevo y gozando de nuestra mutua compañía. Cuando la veo, sólo siento agradecimiento por una amistad que ha soportado las crueldades de una dictadura que se ha perpetuado en el tiempo y el silencio de tantos años de vivir separadas en mundos drásticamente distintos. Celebro cada gran acontecimiento de su nueva vida: cuando pasa los exámenes de certificación para ser maestra; cuando se casa su hija; cuando se muda a un nuevo apartamento. Observo desde lejos mientras ella experimenta la vida en un mundo libre y tengo en mi corazón grandes esperanzas para su futuro. Puedo imaginarnos dentro de poco jugando juntas con nuestros nietos, como si fueran muñecos vivos, como amigas íntimas, como durante nuestra niñez. Dicen que uno nunca puede realmente volver a casa, pero con la compañía de Mireyita, siempre estoy en casa.

CASA AMIGA

EN MEMORIA DE ESTHER CHÁVEZ CANO

Teresa Rodríguez

Aún recuerdo la primera vez que hablé con Esther por teléfono hacia fines de noviembre o principios de diciembre de 1998. Su voz era suave, y tenía un agradable efecto tranquilizante, como si uno hablara con su mejor amiga. Después de preguntarme de nuevo quién era yo y para quién trabajaba y por qué llamaba, dejó escapar un suspiro. Casi como si estuviera llenando sus pulmones de aire para todo lo que tenía que decir. Y así se inició una conversación que pareció durar muchas horas. Acababa de leer un artículo que una colega había dejado sobre mi escritorio sobre el rapto, violación y asesinato de cientos de mujeres en Ciudad Juárez, México, justo al otro lado de la frontera de El Paso, Texas.

Esther Chávez Cano, que se mencionaba varias veces a lo largo del artículo como una activista de derechos humanos que había llevado sus propios registros de los crímenes, se había convertido en la voz de las víctimas y sus familias. Entre más leía, más aterrada quedaba de que una historia tan horripilante no hubiera sido captada ni siquiera por un instante en el radar de noticias aquí en Estados Unidos. En la mayoría de los casos, estas víctimas eran mujeres jóvenes de familias de bajos recursos que habían migrado a la ciudad fronteriza desde otros lugares de México en busca de una vida mejor. Como resultado del Acuerdo Norteamericano de Libre Comercio (NAFTA), Juárez había experimentado una bonanza económica y docenas de plantas de ensamblaje de compañías extranjeras se habían establecido en la ciudad fronteriza, creando un superávit de oportunidades de empleo.

Para mí, estas atrocidades simbolizaron el comienzo de un viaje que me llevaría a lugares oscuros y misteriosos en los que, irónicamente, también conocería a muchas familias humildes y trabajadoras que se mantenían unidas por la esperanza. En los casos aquellos cuyas hijas aún no habían sido halladas, guardaban la esperanza de que tal vez hubieran huido y estuvieran llevando una vida mejor en algún otro lugar. Para quienes sabían que sus hijas habían muerto, la misma fe les permitía creer que tal vez sus muertes no hubieran sido tan dolorosas ni tan atroces como lo sugerían sus heridas. Tal vez sus atacantes las habrían drogado y las habrían dejado inconscientes antes de masacrarlas. De cualquier forma, el hecho de saber que sus hijas habían sido violadas, en algunos casos por más de un hombre, y que habían perdido sus dos pezones —uno, aparentemente cortado como recuerdo y el otro brutalmente arrancado de un mordisco— luego estranguladas con un cordón de zapato, era demasiado para que cualquier alma pudiera resistirlo.

Sí, la fe y la esperanza eran rampantes entre aquellas familias que buscaban respuestas, y el hilo común que las mantenía unidas era una de las mujeres más inspiradoras que haya conocido jamás.

Mientras hablábamos por primera vez y yo tachaba otra pregunta de mi lista ya respondida, me sorprendía la gran cantidad de información que esta mujer había podido recopilar. Podía recitar de memoria el nombre de cada una de las víctimas, sus familiares, el lugar donde su cuerpo había sido hallado, quién lo había descubierto, cómo había muerto y como se había informado la noticia de su muerte a la prensa. Sabía exactamente quiénes eran los agentes de policía y los fiscales estatales de cada caso y, lo que es más importante, hasta dónde habían llegado las autoridades o hasta qué punto no habían podido avanzar en la investigación de cada uno de ellos. Este último punto era para ella una verdadera frustración: más específicamente, la indiferencia de las autoridades en cuanto a su comunicación con las familias de las víctimas y su incompetencia en recopilar cualquier información adicional que pudiera llevar a arrestar a los culpables. Su pasión y su furia eran evidentes. Comenzó esta lucha por la justicia en 1993, apenas un año después de haberse pensionado oficialmente de su cargo de contadora.

Esther fue una de ocho hermanos nacida en la ciudad de Chihuahua en el norte de México. A los dieciocho años se fue a Guadalajara a estudiar contaduría y allí permaneció hasta 1963 cuando fue de allí para entrar a trabajar en Kraft Foods en Ciudad de México. Aunque se mudó a Juárez en 1982, pasarían otros diez años para que pudiera dejar su experiencia financiera y dedicarse a otro tipo de contaduría: a determinar por qué la lista de mujeres asesinadas a lo largo de la frontera seguía creciendo sin que se produjera ningún arresto ni hubiera signos de que los crímenes fueran menos frecuentes.

—¿Cómo es posible que los informes del médico forense sean tan completos y explícitos acerca de los últimos momentos de las víctimas en este mundo y, sin embargo, las autoridades sepan tan poco acerca de quiénes perpetraron estos crímenes? Esto es algo que me preocupa mucho —dijo Esther.

Pronto entendí por qué algunos la llamaban "un ejército de una persona". Su primera táctica ofensiva era reunir un grupo de mujeres a las que dio el nombre de "8 de marzo", en reconocimiento del Día Internacional de la Mujer para que hicieran algo acerca de todos los cuerpos de las mujeres que iban apareciendo en los desiertos y en las plantaciones de algodón en las afueras de Juárez en 1992. Recogieron información sobre las víctimas y sobre cualquier investigación penal y juicio subsiguiente que se llevara a cabo. El grupo tenía su sede en la casa de Esther.

Siete años después, crearía el primer centro de crisis para mujeres y niños víctimas de la violencia en Juárez.

—Por tantos años —explicaba—, he clamado justicia por las víctimas, que ahora he decidido pedir justicia a nombre de las mujeres que aún están vivas. Espero que sus vidas no terminen como las de cientos de otras que las precedieron.

El nombre del centro era Casa Amiga. Un nombre adecuado para un albergue, e insistió en que no rechazaría a nadie. Yo debería ir allí para que me pudiera presentar al personal y a los voluntarios y me mostrara los servicios que ofrecían, pero primero tendríamos que vernos en su casa.

Mientras nuestro equipo de reporteros se dirigía a Colonia Nogales, vi su casa de dos pisos, de estuco blanco en una tranquila calle cerrada. Como todas las casas en los vecindarios de clase media de Juárez, la suya tenía rejas de seguridad en las puertas y ventanas. Abrió la puerta y nos invitó a entrar. No pude dejar de notar una placa de azulejos cerca de la puerta principal que decía: MI CASA ES SU CASA. La expresión no podía ser más cierta. No tenía el menor inconveniente en borrar su agenda para acompañar a un niño a informar un incidente de incesto o en salir de su casa a medianoche para ayudar a una mujer que había sido golpeada por su esposo. Nos estaba esperando con los brazos abiertos y una enorme sonrisa, feliz de recibir a los periodistas y camarógrafos de Miami que habían venido de una gran distancia para estar con ella. Aunque la casa no era especialmente grande, era acogedora, estaba decorada en estilo mexicano con baldosas de terracota café y pequeños tapetes. La sala y el comedor tenían techo alto y estaban adornados con obras de artistas que compartían sus lazos de unión con las mujeres del mundo. A un lado estaba su oficina, que antes fuera una alcoba, en donde Esther pasaba la mayor parte de su tiempo. Contra una pared estaba su escritorio con la computadora y al frente había un sofá de dos puestos. En el closet guardaba cajas llenas de archivos de recortes de periódicos, informes policiacos y notas sobre conversaciones que había sostenido con amigos y familiares de las víctimas.

Mi primera impresión de Esther fue de asombro: Esta mujer, capaz de denunciar sin titubear a las más altas autoridades, medía apenas un metro sesenta con zapatos, cuyo tacó no medía más de una pulgada. Parecía inofensiva. Su sonrisa era cálida y acogedora. Sus ojos azules, del color del cielo, rodeados de la montura metálica de sus anteojos, su cara enmarcada en un pelo corto color caramelo claro. Vestía de forma conservadora con un suéter de lana, pantalones y una chaqueta escocesa; llevaba una bufanda alrededor del cuello. Era amable y dulce, como es habitual en la cultura latinoamericana, de inmediato nos ofreció algo de tomar y de comer, agradeciéndonos de nuevo el haber reportado lo que estaba pasando en Juárez y por asegurarnos de que la historia llegara más allá de la frontera. Estaba ansiosa de que el mundo lo supiera. Ya podía predecir que íbamos a estar allí mucho tiempo.

Una vez que nuestras cámaras empezaron a filmar, su actitud cambió rápidamente. Lanzó un fiero ataque contra la incompetencia de las autoridades, refiriéndose a un sinnúmero de ejemplos. Sin pensarlo dos veces ni preocuparse por la posibilidad de poner en peligro su vida al hablar en contra de determinadas personas, se refirió específicamente a varios casos en los que la escena del crimen no había sido acordonada, permitiendo así la contaminación de evidencia crucial, y cómo, según los familiares, en muchos casos las autoridades se habían mostrado irrespetuosas e indiferentes al informales que el cuerpo de su hija había sido encontrado en una sepultura superficial en el árido desierto. Recordó cómo a una pobre mujer le habían mostrado un saco de huesos que estaba sobre el piso y le habían dicho sin rodeos: "Eso es lo que quedó de su hija".

—Aquí, en esta ciudad —enfatizó Esther—, es una desgracia ser mujer y una desgracia mucho mayor ser una mujer pobre.

Sus palabras serían proféticas en un lugar donde rige el machismo, donde las mujeres son tratadas como ciudadanas de segunda clase y donde la corrupción y la impunidad son la norma. Quienes deberían hacer cumplir la ley protegen a los asesinos y a los narcotraficantes. Las mujeres, según nos explicó, eran educadas para convertirse en objetos sexuales para satisfacer los deseos de sus esposos y la creencia popular era que si una mujer era violada, la culpa era de ella por incitar al violador.

—Si usaba minifaldas, descotes profundos o si coqueteaba, estaba buscando problemas, estaba buscando ser violada —concluyó Esther con sarcasmo.

Este era el entorno en que vivía y trabajaba. Y el hecho de que fuera una mujer que hablaba a favor de otras mujeres no le facilitaba para nada su trabajo. Por el contrario, cuando exigía conocer el estado de una investigación, las autoridades repetían, casi como un estribillo, una y otra vez: "Las investigaciones van bien". De inmediato ella respondía:

—¿Cómo pueden ir bien si esperan veinticuatro horas antes de comenzar a buscar a una muchacha perdida, o cuando dicen a los familiares que no tienen suficientes patrullas para comenzar la búsqueda o que tienen muchos otros casos importantes que deben atender? Eso es inaceptable.

Sí, Esther Chávez Cano, tenía una agenda destinada a poner fin a las atrocidades y a poner tras las rejas a cualquiera que estuviera detrás de estos salvajes homicidios, aún si esto requería disentir con cada autoridad que le cerrara el camino. Según me dijo Esther en una oportunidad: "No existe el crimen perfecto; lo que me hace pensar que tiene que haber personas muy poderosas e importantes involucradas".

Nuestra relación florecería durante los años siguientes dado que volví a Juárez en varias ocasiones para actualizar mis historias en el programa de noticias de Univisión, ganador de un Emmy,

Aquí y Ahora. Me presentó a los familiares de las víctimas, a los investigadores, a los forenses, a los activistas y a los voluntarios que periódicamente buscaban cuerpos en el desierto. Era la catalizadora para una serie de informes y programas especiales que en 2007 llevaron a la publicación de mi libro *The Daughters of Juárez* (*Las hijas de Juárez*), publicado tanto en inglés como en español, que de inmediato se convirtió en el libro más vendido en el mundo hispanoparlante. A pesar de nuestros encuentros esporádicos, siempre podía contar con ella para cualquier duda que necesitara aclarar. Nunca había nada que yo necesitara saber que no le consultara primero a ella antes de dar la noticia al aire o enviar mi manuscrito a mi editor. Jamás se negó a aceptar mis llamadas por tarde que fuera o por ocupada que estuviera.

Lo más interesante es que los editores mexicanos nunca publicaron mi libro arguyendo que otros ya habían escrito sobre el tema. Aunque me decepcionó oír que mi obra que tanto amaba y que me había tomado casi diez años escribir no aparecería en las librerías de ese país, no me sorprendió. Lo que decidí hacer entonces fue enviar una caja llena de libros en español a un contacto en nuestra filial de Univisión en El Paso, Texas, para que él le entregara las copias a Esther y a las familias de otras víctimas que yo había entrevistado. Era lo menos que podía hacer para mostrar mi agradecimiento por su ayuda en hacer que nuestro libro fuera una realidad.

Tal como lo esperaba, Esther me llamó de inmediato entusiasmada al ver que el libro al fin había tomado forma. Me agradeció por darles a estas mujeres una voz que pudiera tener eco fuera de Juárez y expresó el gran agradecimiento de las familias al saber que alguien se había preocupado lo suficiente como para captar sus historias y llevarlas a las páginas de un libro; donde las voces de sus hijas ya no quedarían silenciadas y donde sus palabras no serían manipuladas ni alteradas. Como me lo expresara la madre de una de las víctimas, ya la muerte de su hija había dejado de ser en vano; al compartir su historia, tal vez podría evitar que otra joven mujer muriera en la misma forma.

Desearía haber podido pasar más tiempo con Esther en esos viajes. Para aprovechar al máximo nuestros cortos momentos en Juárez, los miembros de mi equipo periodístico y yo trabajábamos desde el amanecer hasta muy tarde en la noche, lo que nos dejaba muy poco tiempo para socializar. Para complicar aún más las cosas, yo vivía en Miami, Florida, y Esther vivía a 1.500 millas de distancia en una ciudad a la que sólo se podía llegar a través de conexiones aéreas. El hecho es que para mí estaba resultando muy difícil lograr un equilibrio entre ser madre y ser profesional, dado que tenía que atender a mis dos hijos pequeños y hacer muchos viajes de negocios. También tenía cierto temor de viajar a Juárez. La seguridad se había convertido en un problema muy real. Al menos dos de las personas que entrevisté para mi libro habían muerto: una había muerto en circunstancias dudosas mientras estaba en la cárcel y la otra fue víctima de un ataque tipo pandillero en el centro de un pueblo, en el que murió de un disparo. De hecho, durante una de mis últimas visitas, recibí una serie de llamadas preocupantes en mi habitación de hotel en las que me recordaban que era muy vulnerable en *su* territorio. No sabía quiénes eran *ellos*. Cuando volví a casa, no tenía la menor prisa de regresar a Juárez, a pesar de mis vínculos con Esther.

Aunque no me había dado cuenta de que se nos estaba acabando el tiempo.

En medio de su lucha por la defensa de las mujeres de Juárez, Esther había estado luchando otra batalla. Me enteré de que ahora luchaba contra el cáncer. Aunque los tratamientos que recibía la hacían sentir débil, ella le restaba importancia a su enfermedad. En cambio, se quejaba de estar envejeciendo y de no tener la energía que solía tener. Aunque esta incansable guerrera era clave para convencer a los gobiernos municipales, estatales y federales de la necesidad de crear departamentos especiales para atender casos de violencia sexual y asesinato de mujeres, y para cambiar las leyes de violencia doméstica en México e introducir otras reformas legales, luchadora hasta el final, siempre reiteraba cuánto trabajo quedaba aún por hacer. Recibía periódicamente sus correos con cualquier noticia que pudiera encontrar sobre asesinato y abuso de mujeres y niños. En uno de sus últimos correos, me decía, "Querida amiga, siempre lucharemos, de eso puedes estar segura".

En 2008, Esther Chávez Cano recibió el Premio Nacional de Derechos Humanos de México de manos del Presidente Felipe Calderón, en el palacio presidencial. Al recibir este galardón, en reconocimiento de sus dieciséis años de defensa de los derechos de la mujer en Ciudad Juárez, dijo:

Las mujeres de Juárez no son solamente ciudadanas de Juárez muertas. Son ciudadanas del mundo muertas porque las mataron simplemente por ser mujeres. Alcemos nuestras voces: "¡No más mujeres asesinadas, violadas, ni siquiera insultadas!".

El día de Navidad de 2009, Esther murió en su casa. Tenía setenta y seis años de edad. No sólo ayudó a encontrar un refugio seguro para miles de mujeres y niños en su amada Ciudad Juárez sino que hizo los arreglos necesarios para que las incontables horas de investigación recopilada por ella a través de los años encontraran también un hogar seguro. Donó sus extensos archivos a la nueva Universidad Estatal de México en Las Cruces, adonde se conservan hasta el presente. Aunque los investigadores nunca determinaron quién era el actor intelectual de los asesinatos iniciales de mujeres y muchachas jóvenes (la especulación iba desde asesinos en serie, crimen organizado, traficantes de personas, narcotraficantes e inclusive personas dedicadas a la pornografía infantil), en los últimos años, la mayoría de los asesinatos se han atribuido a las guerras de los poderosos carteles de narcotraficantes a lo largo de la frontera, que le han dado a Juárez el vergonzoso distintivo de ser la ciudad más violenta del mundo.

Tal vez Esther sabía que después de su muerte las mujeres de Juárez iban a seguir necesitando el santuario que les ofrecía La Casa Amiga o tal vez nunca imaginó que la violencia llegara a escalar hasta tal grado. Ahora, más que nunca, las mujeres y los niños que no tenían más remedio que llamar a Juárez su pueblo podrían seguir teniendo un oasis de esperanza en medio del caos.

Para muchos, y me incluyo, Esther seguirá siendo siempre un símbolo de compromiso social, una Comadre con C mayúscula que se adelantó a su tiempo, una líder que nunca pensó dos veces en exigir el cambio y la responsabilidad en un país que hasta ahora tiene problemas con las mujeres en el poder, una pionera en la lucha por la igualdad y los derechos de la mujer; pero también era una amiga, una hermana y una madre para cualquiera que necesitara ayuda. En su elegía de Esther, Eve Ensler escribió: "Entregó su vida por las mujeres y las niñas de Juárez. Me enseñó lo que eran el servicio y la humildad y la bondad. Era una fuerza dentro de nuestro movimiento, una líder y un faro, y nos hará una enorme falta". Los premios y reconocimientos que recibió Esther llenan páginas enteras, pero estoy segura de que agradecía los abrazos, besos y mensajes de agradecimiento mucho más que cualquier espaldarazo o reconocimiento público.

Lamento no haber tenido la oportunidad de disfrutar con ella una cena tranquila, dedicada a hablar de cosas de mujeres, con el acompañamiento de una buena botella de vino. Por lo general, las mujeres se hacen amigas por sus similitudes o por una misión que intuyen que pueden realizar unidas. Ambas disfrutábamos nuestra lucha por defender los derechos de las demás; también éramos mujeres con voz que contaban con una cierta audiencia, y siempre estábamos dispuestas a servir para hacer de éste un mundo un lugar mejor. Aún si significaba poner nuestro trabajo por encima de nuestras vidas principales, con demasiada frecuencia. Tal vez éramos soñadoras tan empeñadas en nuestras luchas que nos olvidábamos de detenernos a aspirar el perfume de las rosas. Creo que lo que nos impulsaba era el trabajo que estábamos haciendo juntas, y ese era precisamente nuestro vínculo.

Puedo contar con una sola mano las amigas con las que puedo compartir mis sentimientos y pensamientos más íntimos. Esther y yo no tuvimos ese tipo de relación, pero, tal vez, en otro momento, otro lugar y en otras circunstancias, podríamos haberla tenido. Pero como buenas amigas que éramos, sabía que podía confiar en ella. La confianza, que es esencial para el desarrollo de nuestras actividades, es algo que ella era incapaz de traicionar. El hecho es que una comadre no es necesariamente una amiga íntima sino una persona cuyo ejemplo queda grabado en nuestro corazón. La persona a la que queremos emular, la amiga que nos daba mucho de ella misma y nunca pedía nada a cambio.

EL MANUAL DE MIRANDA

Sofía Quintero

Lección #1: Deshazte de la mentalidad de escasez. Estas formas de pensar vienen de mujeres como tú. Si no eres la única mujer descarada y perversa en el salón, eso es bueno. No las antagonices. Únete a ellas.

Nunca quise darle el papel a esta mujer, y ahora estaba arruinando la lectura de mi obra de teatro *Interstates*. El curador influyó mucho para que eligiera a Miss Thing, aunque el papel debía ser representado por una mujer afrolatina. "Con toda la publicidad que está teniendo, las personas de la industria vendrán a la lectura para verla y oirán tus palabras". Sólo accedí porque teníamos poco tiempo para hacer el casting y las actrices que había considerado como las más adecuadas para el papel no estaban disponibles.

Desde el momento en que Miss Thing salió al escenario con una cerveza en la mano, debí haberla rechazado aunque hubiera tenido que desempeñar yo misma ese papel. En cambio, me senté en la punta del asiento durante los siguientes cien minutos esperando que los guardavallas del auditorio pudieran extraer la promesa de mi obra a pesar de su enredada actuación. En un momento dado, mis amigos y familiares expresaron su solidaridad dejando salir una audible queja cuando Miss Thing se enredó en una línea más allá del punto de poderla disculpar. Debido a que se encontraba medio ebria, se olvidó del personaje y le gritó a la audiencia, "¡Oigan, yo no escribí esto!". Ahí empecé a angustiarme, y se oyó cuando tomé aire por la boca con los dientes apretados.

Entonces, en una noche que debería haber sido un hito para mi naciente carrera como guionista de películas, mi ánimo no tenía ninguna semejanza con el de una celebración. Me fui abriendo campo por entre el público, agradeciéndoles por haber venido y mordiéndome la lengua por la incapacidad de la borracha Miss Thing de leer el libreto que tenía ante sus narices. Tan pronto como llegué adonde se encontraba mi directora, a quien le daré aquí el nombre de Julieta, pude ver, aún en la oscuridad de la cafetería el disgusto que reflejaban sus ojos. Supe de inmediato que no sólo lamentaba muchísimo el comportamiento de Miss Thing, sino que lamentaba no haber podido hacer nada al respecto. Después de todo, el resto del elenco era excelente.

Debido a que las personas de la industria, incluyendo a Miss Thing (que ya se estaba tomando otra cerveza) estaban aún a una distancia donde me podían oír, me limité a darles las gracias y le dije, "Hablemos mañana", y terminé con una sonrisa resignada.

Julieta me alcanzó y me llevó a un lado.

—Aquí hay alguien que quiero que conozcas. —Me señaló a una mujer que se encontraba sentada sola contra la pared, cerca a la entrada—. Es Elisha Miranda. Estamos juntas en la escuela de cine y es una excelente guionista y directora.

Me esforcé por sonreír y le di la mano, Elisha se puso de pie antes de que pudiera saludarla con una frase habitual, y me dijo:

—Muchacha, debes darme un abrazo.

A pesar de que soy dada a las manifestaciones de afecto físicas, no voy dando abrazos a personas que he conocido hace apenas unos segundos, sólo porque me lo pidan. El formalismo cultural obligatorio de rozarse mutuamente las mejillas es una cosa, pero *¿un abrazote* que salga del corazón? Este tipo de gestos deben irse ganando con el tiempo, si no han sido logrados de manera forzada con la compra de un Cosmopolitan.

Lo único que sabía de Elisha era que era una cineasta latina más —una competidora, como insistiría alguna persona promedio dentro del medio— que me quería dar un abrazo cuando lo único que conocía de mí era una historia que yo esperaba poder contar. A pesar de la forma ininteligible en que Miss Thing había leído mi libreto, ella me había escuchado. Y en esa fracción de segundo de afirmación y vulnerabilidad, supe todo lo que tenía que saber acerca de Elisha para darle también un abrazo.

—Ay... —dije—. Muchísimas gracias por venir. Espero que lo hayas disfrutado, a pesar de, ya sabes... —Dirigí la mirada a Miss Thing.

—Claro que sí. Cuando Julieta me dijo de qué se trataba tu guión, tuve que venir a darte apoyo. Tal como están las cosas, no somos muchas, y son muy pocas las latinas que deseen explorar estos problemas en lugar de dedicarse a los estereotipos.

Entonces pude darme cuenta de que Elisha parecía estar cansada, y el hecho de que hubiera venido a la lectura de mi guión adquiría mucha más importancia. Aunque yo haya escrito acerca de una delincuente convicta que después de su experiencia en prisión se obsesionó con el regreso de Tupac Shakur al sur del Bronx, y Elisha escribió sobre una artista de graffiti en la Misión, San Francisco, cuyo sueño de convertirse en la siguiente Frida Kahlo la lleva a una abusiva relación con otra mujer, tanto ella como yo teníamos la misión de compilar imágenes de "latinidad" explorando nuestras diferencias en raza, clase, orientación sexual y otras identidades en contraposición a ignorarlas. Y aunque acabo de conocerla, puedo darme cuenta de que hay algo más que abruma a Elisha además del cansancio.

Sin embargo, dadas las circunstancias, me limito a decir:

—Significa muchísimo para mí que hayas venido hasta aquí para apoyarme aunque no me conoces en absoluto.

Elisha admite que no se siente muy bien y que debe irse. Intercambiamos nuestros datos de contacto y hacemos planes para hablar al día siguiente. En esa oportunidad, soy yo la que toma la iniciativa del abrazo.

Nuestra primera conversación se prolonga por cerca de cinco horas y cubre toda la gama de temas de profesionales a políticos, a personales. Admite que, además de haber estado enferma la noche de la lectura, había peleado con su pareja, quien le estaba insistiendo en que trataran de mejorar su relación cuando Elisha deseaba ponerle fin. Yo le confesé que, a pesar de mi actitud amable cuando Miss Thing ofreció disculpas por haber dañado el final de la lectura (como si no hubiera sido un desastre desde la primera letra), estaba furiosa y no dejaba de preguntarme cómo era posible que personas como ella lograran tener éxito. Hablamos de nuestras experiencias en Columbia, donde estaba estudiando para obtener su MFA en cine, y donde yo había tenido un contrato de seis años en la década de los noventa.

• • •

Unos meses después, vino a almorzar conmigo en el Fashion District. Elisha dice:

—Me encantaría dirigir la película de *Interstates*.

Empieza con un ardiente interés de venderme la idea, garantizándome que debido a que ella es también guionista, respetaría mi visión de la historia, aunque la película es el medio de expresión de un director. A la mitad de su esfuerzo, la interrumpo.

—Me encantaría que dirigieras *Interstates*.

Sabiendo, como sabía para entonces, que es una excelente escritora por derecho propio, a la que no le faltan sus propias historias que contar, entiendo la magnitud de lo que Elisha parece estar pidiendo. En realidad no es una petición. Es una generosa oferta y sería la primera de muchas generosidades que Elisha tendría conmigo en el curso de nuestra amistad.

Sin embargo, yo exigía una condición.

—Sólo convengamos que si, en cualquier momento, el pretender hacer una película se convirtiera en una amenaza a nuestra amistad, no haremos la película.

En tan corto tiempo, hasta este punto había llegado el vínculo entre las dos. Con base en las fructíferas conversaciones que sostuvimos, nos hicimos mutuamente conscientes de que ambas teníamos una multitud de historias que queríamos comunicar a través de los medios, desde novelas hasta películas, y hasta obras de teatro. También éramos conscientes de que la amistad que estábamos forjando era excepcional y que requería algo más que cultivarla; exigía ser protegida de la competencia, de la ambición y, como lo sabríamos más adelante, de aquellos para quienes una hermandad semejante resultaba elusiva.

—Totalmente de acuerdo —dijo Elisha.

E hicimos un pacto que hemos honrado hasta esta fecha, más de trece años después. Y pueden creerme si les digo que ha sido puesto a prueba desde todos los ángulos, nosotras incluidas.

Lección #17a: Las palabras tienen poder. No vale la pena perder tiempo en crear una base de datos para los sobrenombres y dichos de cada una. Inventen algunos entre las dos. Entre más preciso, más tonto, más indicativo de 'Deberías haber estado allí', mejor.

—No soy Puertoricanrella.

—Ha hablado la Fi.

—¡Eso es represión reprimida!

—¡E-FIERA!

—No dejes que la piel blanca te engañe.

—Necesito una maldita dona.

Lección #17b: Nunca olvidar las circunstancias que las inspiraron. Deben revivirse frecuentemente, de preferencia frente a los demás que significan algo para ustedes. Cuando pongan los ojos en blanco, ríanse como niñas de colegio y, por lo demás, gocen de verlos tan disgustados.

Lección #52: Aceptar todos los regalos, en especial los que duelen.

Estoy sentada a la orilla del Sena con la Torre Eiffel a mi espalda. A mi lado tengo un libro de bolsillo canjeado, que es mi novela favorita, *Clockers*, por Richard Price y una libreta de notas. Tengo una fecha límite y debería estar escribiendo, pero no me puedo concentrar. Nunca he tenido en mi lista viajar a París y sin embargo aquí estoy. Hace apenas unas semanas, Elisha me llamó.

—Oye, ya sabes que Ria y yo salimos todos los años y ¿sabes que compramos este viaje a París? —Ria es otra de sus amigas íntimas.

—Sí.

Salgo con el teléfono al porche. Hace un perfecto día de verano en Nueva York, con un cielo sin nubes, con el asfalto calentado por el sol y los niños gritando y pasando de un lado a otro de los chorros que salen de los hidrantes abiertos. Sin embargo, lo vibrante del día no se equipara al subtexto de esta conversación.

—Como es evidente, yo no puedo ir.

—Lo siento.

—Está bien.

—*Bendita* Ria, ¿no está muy contenta de irse sola, no es cierto? —Quiero que Elisha vaya a París. Después de todo lo que ha tenido que soportar y todo lo que se da a los demás, nadie merece este viaje más que Elisha—. ¿Estás segura de que no puedes ir?

—No puedo, pero por eso estoy llamando. Quiero que tú vayas a París con Ria.

—¿Qué?

—Has estado trabajando mucho, Sofía, y mereces unas vacaciones, pero comprendo que el dinero no abunda.

—No lo sé, Lish... olvídate del dinero —no, no me sobra mucho, pero no se trata de eso—. ¿Cómo voy a disfrutar de París sabiendo que tú deberías estar allí y no yo?

—Pero quiero que vayas. Yo no puedo ir y el viaje ya está pagado. Me sentiría mejor de no ir si tú fueras.

Yo comienzo a insistir que le pida a otra amiga que vaya. Pero entiendo, instintivamente, que lo mejor que le puedo dar a Elisha en ese momento es aceptar con sencillez su regalo.

—¿Estás segura de que no puedes ir?

—No, amiga, no puedo.

—Está bien, pero me voy a sentir muy rara de estar allí sin ti —necesito que lo sepa. Claro está que lo sabe, pero necesitaba decírselo.

Repentinamente, Elisha ríe.

—¿Sabes qué? Cada vez que he intentado ir a Europa algo ocurre. —Ríe al pensarlo. Pero, por repentina que fuera su afección, una ovariotomía, no es algo que simplemente ocurra—. El universo estará diciendo, *Lisha, no metas tu trasero ahí.* ¿Sabes adónde quiero ir realmente? Quiero ir a África.

Obedeciendo a su señal y a la batuta de la conversación, le digo:

—¿No sería bueno hacer un examen de ADN para saber de dónde vienes e ir allá?

—¡Oh, me encantaría!

—A mí también.

—Deberíamos hacerlo juntas. —Elisha tiene la determinación de hacerlo—. Un día, tú y yo nos iremos a África.

—Es un trato.

Y una vez resuelto este asunto, empaco mis maletas para viajar a París. Hasta busqué mi libro de texto del colegio y repasé mi francés. Tal vez pueda hacer también un poco de investigación en el guión de Saartjie Baartman que he tenido pendiente desde hace algunos años.

Sin embargo aquí estoy, en una de las ciudades más prolíficas e inspiradoras del mundo desde el punto de vista cultural e histórico, reviviendo los acontecimientos de los últimos meses. Sólo unos días después de la boda, el esposo de Elisha, Alex, me llamó desde el hospital Mount Sinai en Manhattan. Habían ido con algunos de sus familiares que habían venido de visita a ver *Mamma Mia!* en Broadway, cuando Elisha se encorvó con un dolor tan fuerte que tuvieron que llevarla a toda prisa al hospital. Desde hacía algunos años, sabía que no estaba bien.

—Conozco mi cuerpo —me dijo Elisha, después de que otro examen más no revelara nada. Ni uno de los más de media docena de médicos que consultó pudieron identificar el problema hasta que ya era demasiado tarde.

—Elisha tiene tumores en los ovarios —dijo Alex—. Es cáncer.

No sólo tuvo que soportar la angustiosa espera mientras los doctores operaban a Elisha para asegurarse, sino que, una vez, que lo supiera, tendría sólo unos momentos para decidir si debían extirparle también la matriz a su esposa. Si la enfermedad no se había extendido a su útero, había una posibilidad —aunque muy pequeña— de que Elisha pudiera quedar embarazada mediante una fertilización in vitro. Conociendo a su esposa como la conocía, Alex sabía que Elisha querría que los doctores le dejaran el útero si parecía estar sano. Pero había un riesgo, dado el tiempo que había pasado antes de detectarle el cáncer de ovario.

Vi a Elisha antes de que la llevaran a cirugía. Alex estaba de pie a su lado, acariciándole el cabello, mientras yo, del otro lado de la camilla, le sostenía la mano. Ya estaba adormecida por la primera dosis de anestesia. Vino la internista y le dijo:

—Amiga, voy a tener que quitarle esto —y señaló el rostro de Elisha.

—¿Huh? —dijimos los tres al tiempo.

—La argolla de la nariz.

Y ahí estábamos, como tres osos, intentando quitar esta joya de su cuerpo. La mamá osa lo intentó primero, pero los medicamentos ya estaban afectando su coordinación. Después, lo intentó el papá oso, con gran esfuerzo, pero sus manos eran demasiado grandes, entonces el bebé oso tuvo que intentarlo y, para sorpresa de todos, logró retirarle la argolla de la nariz. En ese momento, Elisha rió y dijo lo único que recuerdo de esos breves momentos:

—Eso sí es amor.

Fue así como, mientras estuve en París, caminaba y meditaba a la orilla del Sena, mi creencia de que todo ocurre por una razón, había sido sacudida hasta la raíz. *Estoy aquí gracias a mi mejor amiga, sin embargo, ella no está conmigo.* Hay un imperfecto en este Matrix. Aún no lo he podido descifrar. Y aunque sé que estuve en lugares interesantes, que saboree platos excelentes y que compartí unas pocas risas con Ria, no podría dar detalles. No recuerdo mucho de París.

Lección #312: Bob Marley dijo: "La verdad es que todos te van a herir. Sólo tienes que encontrar aquellas personas por las que vale la pena sufrir". Una amistad de muchos años no está marcada por la ausencia de conversaciones difíciles, sino por la fe, el amor y la compasión sobre las que se desarrollan dichas conversaciones. Busca eso.

Por último, pregunté si podíamos hablar y Elisha lo aceptó de inmediato. Ambas sabíamos que sólo una conversación franca, aunque dolorosa, podía llevar nuestra amistad a través de este terreno inhóspito al que había llegado. Cada una trataba de hacer malabarismo con múltiples retos personales a la vez. Parecía que el universo nos estuviera castigando y, como dos hermanas, a quienes se les ha negado el permiso de salir de casa y se ven obligadas a permanecer en la misma habitación, comenzamos a sacar nuestros resentimientos y frustraciones, no en relación con nuestro padre disgustado, sino en nuestra relación mutua.

No hubo traiciones ni desprecios, ni correos electrónicos airados ni confrontaciones a gritos, ni revelación de confidencias ni rememoraciones de errores del pasado. Ninguna de nosotras cometió un acto flagrante que implicara herir deliberadamente a la otra. Nos embarcamos, en cambio, en actos insignificantes pero constantes de falta de comprensión mutua. Las pequeñas indirectas, las interrupciones constantes y el escuchar de forma pasiva, típicos de personas que apenas se conocen, son fáciles de ignorar. Sin embargo, cuando esa persona es tu amiga íntima, siempre considerada y comprensiva, estas actitudes duelen como el infierno. Pude darme cuenta de que mi reacción era quedarme callada, algo de lo que Elisha me hizo caer en cuenta, en contextos menos importantes. "Sé cuando algo te está molestando", me decía. "Te quedas callada".

Regando la semilla que había plantado con tanto amor la observación de Elisha, mi último compañero romántico me dio una dura pero necesaria lección de las consecuencias de mi tendencia a retraerme. Aprendí que había una diferencia radical entre dar y recibir espacio y desentenderse emocionalmente con la intención (generalmente inconsciente) de permitir que la relación se vaya terminando poco a poco. Abandonar a la persona amada antes de que ella o él pudieran abandonarme no hizo que fuera menos doloroso para las personas que habían optado por la alternativa de quererme, aún si me conocían lo suficientemente bien como para entender que no lo hacía para manipularlos ni castigarlos, sino para protegerme. Ellos me decían algo mejor.

Por consiguiente, comenzar esta conversación con Elisha fue un gran adelanto para mí. En lugar de encontrarnos en uno de nuestros típicos lugares habituales, entramos a un restaurante cualquiera en el Lower East Side. Después de hacer nuestros pedidos, respiré hondo y comencé lo que, en ese momento fuera la conversación adulta más difícil de mi vida. Comencé por reconocer las dificultades que Elisha estaba enfrentando en ese momento, lo difícil que era para mí verla soportar tanto dolor y cómo, puesto que era su hermana, estaba comprometida a hacer cuanto pudiera por apoyarla durante todo ese tiempo.

Luego dije lo que tenía que decir no sólo en mi defensa sino en defensa de nuestra amistad.

—Tú sabes que no me preocupan los pequeños detalles. Que cuando amas a alguien, les permites que sean como son, los dejas en paz con sus imperfecciones y pasas por alto sus momentos difíciles sin llevar la cuenta de cada pequeño detalle. —Después, respiré profundo de nuevo—. Pero, últimamente, siento que me estoy convirtiendo en la persona con la que te desquitas y, a pesar de lo mucho que te quiero, no puedo servirte para ese fin.

Elisha me preguntó qué quería decir con eso, y le di unos cuantos ejemplos. El último se había dado cuando vino a mi casa recientemente a programar un taller que estábamos facilitando entre las dos. Habíamos sido muy productivas e inclusive habíamos disfrutado y nos habíamos reído un poco. Pero cuando estábamos intercambiando los últimos comentarios, Elisha, de forma poco habitual para ella, me ordenó que me callara con un rápido ademán, batiendo su dedo índice en el aire. Quedé tan sorprendida que no dije nada, pero su actitud dio origen a un largo período de consideración de lo que había ocurrido, que eventualmente me obligó a llamar a Elisha a preguntarle si podíamos reunirnos para hablar acerca de la tensión que estaba afectando nuestra amistad. Hicimos planes para cenar antes de otro evento al que teníamos pensado asistir juntas, y me sentí un poco mejor acerca de lo que no expresamos pero que sin embargo entendimos; Elisha estaba tan determinada como yo a que esta conversación no fuera una lucha *entre* las dos sino una lucha *por* las dos.

Elisha estaba tan sorprendida como yo con lo que había hecho. Inclusive mientras recordaba algunos de los otros ejemplos que le di, ese ejemplo en particular la dejó desconcertada. Pero no lo negó ni lo cuestionó y se disculpó de forma muy sincera. No excusó su comportamiento sino que aceptó la responsabilidad de la forma como me había herido. Entonces, Elisha habló no sólo en defensa propia sino en defensa de nuestra amistad. Con mucha dulzura pero a la vez con firmeza enumeró las formas en las que yo la había decepcionado. Éstas iban desde interrumpirla cuando estaba hablando hasta no estar consistentemente presente cuando nuestra organización pasaba por momentos difíciles, dejándola sola para manejar la mayor parte del caos. Y a través de la posición de Elisha, hice algo que, antes de nuestra reunión, había representado un reto para mí en relaciones en las que había cosas más importantes en riesgo.

La escuché.

La escuché, acepté mi responsabilidad y presenté mis disculpas. Al igual que Elisha, cuando le di las explicaciones de mi comportamiento, no las presenté como excusas. Con personas con quienes la amistad sea menos estrecha, estas explicaciones pueden ser deflexiones, que permitan preparar las bases para unos contratos de negociación de toma y daca, no porque se realicen de mala fe sino porque se hacen *sin* fe.

Lo cierto es que, a través de ese período oscuro de amenaza

interna contra mi amistad con Elisha, reconocí lo cobarde que había sido anteriormente en mis relaciones. El hecho de que mi actitud aparentemente admirable de ignorar las ofensas y dejar que el dolor pasajero me resbalara no tenía nada que ver con dejar que las personas fueran quienes son sino que intentaba evadir la responsabilidad por cualquier dolor o decepción que *yo* hubiera podido causar. Desde el momento en que se fue de mi casa ese día hasta el momento en el que comencé a hablar en el restaurante, me repetí una y otra vez: *Si después de todas las cosas por las que hemos pasado juntas y de lo que hemos sido la una para la otra, si no puedes hacer esto con Elisha, no lo podrás hacer con nadie.*

También comprendí que por más que Elisha y yo fuéramos inspiración una para otra para aceptar nuestra excepcional grandeza, ampliar nuestras fuerzas compartidas y complementar nuestras mutuas diferencias, podríamos, de forma igualmente fácil, llegar a exagerar nuestra mutua capacidad de soportar las peores características de cada una en nombre de un amor incondicional. Sin embargo, el amor verdaderamente incondicional se hace oír. No tienen que ser frases grandilocuentes, pero se tiene que expresar. Descubrí que es mejor liberar cualquier vínculo profundo de la responsabilidad de dar todo el significado a nuestra propia vida. Se preservan mejor las virtudes de una relación cuando se respetan sus límites.

Lección #479: Aceptar las cosas que se tiene en común, incluyendo las que desearíamos no tener.

Rara vez lloro, menos aún en lugares públicos, pero aquí me encontraba en la parte de atrás de la Via Della Pace, con el equivalente a un día de lágrimas reprimidas rodando lentamente hacia mi Merlot que aún no había empezado a tomar. Elisha no dijo nada cuando estiró la mano y la puso sobre la mía. Sus ojos lo decían todo. Por mucho que tuviéramos en común, por muchas cosas por las que hubiéramos pasado unidas durante la última década, por mucho que estuviéramos soportando individualmente cada una, precisamente ese año, esto era lo último que se supondría que tuviéramos en común.

Después de años de confiar en formas de anticoncepción no médicas, me encontré en una relación seria y volví a utilizar la píldora. Sin embargo, la relación terminó casi tan rápido como empezó y dejé de tomarla menos de tres meses después de haberla reiniciado. Mi ciclo, por lo general, muy regular, nunca volvió a ser el mismo, aunque con todo lo que estaba experimentando en ese momento, me tomó algún tiempo darme cuenta. A pesar de ser una persona extrovertida, no entro en confianza fácilmente con otra persona, y por más que desee una pareja romántica a largo plazo, no salgo con mucha gente, y menos aún me comprometo con un hombre. Todo esto es para decir que creo profundamente que ésta era la relación que había estado buscando, por lo que, cuando terminó, fue la ruptura más devastadora de mi vida. La situación fue tan complicada y desagradable que no pudimos hablarnos, y mucho menos salvar nuestra amistad.

Inicialmente, imaginé, por lógica, que los períodos irregulares eran producidos por mi forma abrupta de reiniciar y suspender la píldora. Hacía ya más de diez años que la había dejado de usar y no estaba acostumbrada a tomar aspirina para los ocasionales cólicos menstruales, mucho menos a tomar hormonas todos los días. Después, dejé de tomar la dosis diaria justo cuando mi cuerpo ya se había acostumbrado a ellas. Muy probablemente me había hecho un mal y requeriría algún tiempo para volver a la normalidad.

Pero la normalidad nunca volvió. Pasé meses enteros sin un período, algo que no había experimentado desde que era una joven adolescente. Después culpé al estrés. No sólo me estaba reponiendo aún del rompimiento con el hombre con el que pensé que iba a pasar el resto de mi vida (y comenzaba a reconocer las implicaciones del hecho de que falláramos de semejante manera en nuestro intento de separarnos de forma amigable). Además, enfrentaba otros retos. Estaba luchando por terminar la segunda novela de un negocio de dos libros. Elisha y yo teníamos problemas con uno de los empleados de la organización sin ánimo de lucro de la que éramos cofundadoras. Yo tenía problemas financieros mientras completaba un satisfactorio trabajo de residencia artística a más de cuatrocientas millas de mi casa. Cuando no estaba haciendo algún tipo de aparición pública, me preparaba para otra, y me quedaba muy poco tiempo y muy poca energía para ocuparme de los aspectos prácticos de mi hogar y mi vida íntima.

Así trascurrieron las cosas por algún tiempo, yendo de mal en peor. No había ningún campo de mi vida —ni la salud, ni la profesión, ni las finanzas— en el que no estuviera enfrentando un reto. En más de una ocasión los desagradables problemas llegaron al campo legal. Cada tribulación y sus subsiguientes lecciones requieren un ensayo aparte, pero basta decir que había pasado demasiado tiempo antes de que siquiera cayera en cuenta de que mis ciclos se habían espaciado demasiado. Naturalmente, no tenía seguro, pero por último pedí una cita en mi sede local de Planned Parenthood. Ni siquiera pude responder a la pregunta: *¿Cuándo tuvo su último período?* Ninguna cantidad de estrés podría explicar por qué mi período realmente desapareció.

La mujer que me explicó los resultados de las pruebas de FSH cuando volví a la clínica varias semanas después, me dijo con tono despreocupado, "Está menopáusica". Sólo sentada allí en esa dura silla de plástico me permití al fin darme el tiempo necesario para asimilar los cambios físicos que había estado experimentado e ignorando durante meses. Además de la irregularidad de los períodos, tenía problemas para dormir (un síntoma que también atribuí al estrés). Mis senos estaban casi siempre muy sensibles, considerando que no estaba menstruando. Consumir una dieta sana y hacer ejercicio en forma regular no estaba teniendo el menor impacto en ayudarme a mantener un peso aceptable, por último tuve que reconocer que los calores no tenían nada que ver con los insoportables días de verano de Nueva York en un hogar con aire acondicionado. Mi madre estaba a dos meses de cumplir cuarenta años cuando me tuvo, y en este momento mi edad era aún menor.

Elisha tenía un trabajo exigente, que detestaba, y no la había visto en semanas. Sin embargo, cuando le di la noticia por teléfono, insistió en que cenáramos juntas. A pesar del largo viaje que tenía que hacer después de haber permanecido de pie todo el día, Elisha no me iba a dejar sola para enfrentar este difícil momento.

Sostenía la pata de mi copa de vino con ambas manos. "Una cosa es tomar la decisión de que no se quiere tener hijos y otra tener que aceptar toda esta dura realidad", dije, mientras liberaba una de mis manos para secarme los ojos con el dorso, como una niñita. "Es muy distinto que alguien tome la decisión por uno cuando todavía se es muy joven". Tan pronto como lo dije, los ojos de Elisha se llenaron de lágrimas de empatía. Después recordé: Yo le había dicho lo mismo después de que le diagnosticaron su cáncer.

Lección #783: Brilla con todo tu esplendor y olvídate de la superposición de las constelaciones.

Estamos esperando el postre en Cipriani, en Wall Street, aunque habíamos estado trabajando para la National Book Foundation por varios años como profesoras de arte en su programa BookUpNYC, es la primera vez que asistimos a la gala anual del National Book Awards. Elisha luce una suntuosa túnica turquesa y yo estoy sosteniendo un vestido strapless ajustado. Una semana antes salimos a comprar nuestros vestidos de gala durante un viaje a Los Ángeles para desarrollar nuestro programa de TV, *Sangria Street*. Hacía mucho tiempo no salíamos a comprar ropa juntas, y disfrutamos de buscar los vestidos y encontrar cosas para ambas sugiriendo el uso de accesorios que ya teníamos.

• • •

¿Te acuerdas de los aretes que usaste para el homenaje a las funda-doras de Chica Luna? ESOS se verían fantásticos con esto. Oh, sí, tienes razón, se me habían olvidado. Mira, mídete esto. Te ves muy bien con ese color.

A pesar del continuo movimiento de los meseros y la amena charla sobre temas literarios, Elisha y yo permanecemos en silencio. La miré y sonreí, agradecida de poder compartir esta experiencia con mi mejor amiga.

De pronto Elisha pregunta:

—¿Estarías dispuesta a volver a ser madrina?

—Ya está bien, no más vino para ti —dije, retirando su copa.

—No, es en serio —dice Elisha—. Y, en realidad, no he bebido mucho.

Toma de nuevo su copa.

—Ya lo sé, sólo bromeo.

—Lo he estado pensando… porque sé que tu ya llevas dos.

Se refiere a Alex y Justin, los hijos de Mylaine, mi mejor amiga de la universidad. A través de los años he formado y estrechado mi círculo interno, trayendo a él a mis más íntimas amigas y animándolas a desarrollar relaciones independientes de mí. Mientras escribo esto, me doy cuenta de lo afortunada y a la vez egoísta que soy, no sólo puedo nombrar unas cinco mujeres que puedo llamar sin miedo a equivocarme amigas de toda la vida, sino que a cada una le agradan genuinamente las demás, lo que hace que mi vida sea como un cielo. ¿Me estaré volviendo algo así como una rata gorda o qué? Estoy muy orgullosa de la hermandad que he creado a mi alrededor, y me ubico, sin intención de disculparme, en el centro de mi constelación, consciente de que cada una de mis amigas es la que más brilla en su propia constelación. Cada mujer debe ser así de afortunada y cada mujer puede serlo.

—Si adopto una hija —dice Elisha—, su segundo nombre será Sofía.

Me pongo la mano sobre el corazón.

—¿A qué se debe todo esto? —ya lo sé, pero no puedo dejar de bromear. Ella siente lo que yo siento. Agradecida. Por todo. Somos muy afortunadas de estar ahí en ese momento, y se ven mejores cosas en el horizonte para ambas como personas y como amigas. El viaje ha estado lleno de hermosos paisajes, aterradores cráteres y desvíos imprevistos, tanto agradables como amenazadores. La constante a lo largo de todas estas tribulaciones y triunfos ha sido nuestro mutuo amor de hermanas.

—Sólo quiero que sepas cuánto te amo y te aprecio.

—Yo también te amo y te aprecio, mamá. —Estiro los labios como en un beso y volteó mi cabeza a un lado—. ¿Pero no es eso algo que siempre hemos sabido?

De inmediato apruebo la idea de que una niña entre a mi vida en una forma que evade a mi imaginación o a mi control, y quedo tranquila con la probabilidad de que no haya en el futuro ningún tipo de maternidad para mí. Sólo estoy segura de una cosa, fuera del hecho de que Elisha y Alex deberían y llegarán a ser padres: de que Titi Fi es la Comadre Número Uno.

—¿Quién es mi competidora? Le patearé el trasero. —Elisha cree que bromeo. Pero lo digo en serio. Es cierto que quiero a cada una de sus otras amigas íntimas, pero si alguna de ellas piensa que va a tomar *mi* puesto, está muy equivocada—. Voy a traer aquí a todas las *damas de honor*.

Como siempre, Elisha bloquea mi humor sesgado con su

incansable entusiasmo. Es como la Mujer Maravilla deteniendo las balas con sus pulseras. Simplemente ríe en voz baja ante mi temperamento de persona sensible, sabiendo que tras ese temperamento se encuentra realmente un alma autocrítica, extremadamente sensible y siempre en evolución.

Ahora me es más fácil decir a cualquiera que la amo sin ninguna expectativa, aprecio todos mis sentimientos por incómodos que sean y soy más generosa con mi tiempo y mi sabiduría porque es lo que Elisha me ha enseñado. La dulce niña que hay en mi interior, con tanto amor para dar, le está ganando a la otra niña espontánea y abierta, que siempre busca problemas, que también se encuentra dentro de mí. Y todo se debe a ese maldito defecto de Elisha de exponerla a toda esa práctica.

Elisha y yo nos hemos demostrado mutuamente que es posible ser una mujer que vive al borde de ser una fiera y sin embargo puede ser amada incondicionalmente. Hemos sido comadres desde el momento en que nos encontramos en la lectura del libreto. Con o sin hijos, seguiremos siendo comadres.

MI MAESTRA, MI AMIGA

Reyna Grande

Estoy sentada en el comedor de Sandra Cisneros comiendo torta de zanahoria y bebiendo champaña. Cisneros queda muy cerca, si estiro mi mano la puedo tocar. Su casa me recuerda la que Frida Kahlo, con sus paredes pintadas de un color brillante, con arte folklórico y pinturas mexicanas. Me siento como si viviera en otra época. Como si me hubiera remontado en el tiempo. Cisneros sabe cómo dominar un espacio con su presencia, cómo ser la perfecta anfitriona, tal como imagino que era la Kahlo.

—¿Más champaña? —pregunta.

A la mañana siguiente, me encuentro en un automóvil con Julia Álvarez. Es una dama delgada, distinguida. Pregunta mi nombre, y tengo la tentación de decírselo completo, para saber si ha oído decir algo de mí o de mi trabajo. Pero controlo mi vanidad y simplemente le digo, "Reyna", y lo dejo así.

Después de la inspiradora charla de Álvarez en la Universidad de Nuestra Señora del Lago, voy a mi taller, cuya directora es Helena María Viramontes. En el taller, las primeras veinte páginas de mis memorias que están en proceso están siendo sometidas a una crítica. No puedo esperar oír lo que Viramontes piensa del trabajo que le he presentado. ¡Todavía no puedo creer que esté tomando una clase en la que ella enseña! A mi alrededor hay otras escritoras que, al igual que yo, pertenecen a la Comunidad de Escritoras de Cisneros fundada en 1995; el Taller de Escritoras Macondo. Nos llamamos las Macondistas.

Cuando se termina Macondo, dejo San Antonio y regreso en avión a Los Ángeles. Hay una persona a la que llamo de inmediato, la persona que realmente entenderá lo que esta última semana ha significado para mí: Diana.

Conocí a Diana en el verano de 1994, cuando tenía dieciocho años y estudiaba en la Universidad de la Ciudad de Pasadena. Era, y es, profesora de inglés en esa universidad. Cuando conocí a Diana estaba asustada, sola y con el corazón hecho pedazos, una niña que había dejado su México nativo en busca de un sueño; encontrar un papá. Había estado en los Estados Unidos durante nueve difíciles años en los cuales había intentado no solamente aprender inglés y adaptarme a la forma de vida americana, sino también conocer a mi padre después de dieciocho años de separación. La inmigración afecta a todos los involucrados, no solamente a quienes se van sino a los que quedan atrás. Deshace familias. Convierte a padres e hijas en extraños.

Me matriculé en una clase de inglés que era parte de los requerimientos de la transferencia a una universidad de cuatro años de estudios. No sabía si iba a poder aprobar los estudios y temía que tal vez, al igual que mi hermana y mi hermano mayor, no tuviera en mí lo que necesitaba para completar mi educación. Pero había una parte de mí que quería demostrar que podía hacer las cosas de otra forma, por lo que entré al salón de clase de Diana con miedo, pero también con el deseo de triunfar.

Diana tiene el pelo y los ojos negros. Su piel es un tono más claro que la mía. Y cuando se presentó a los estudiantes y dijo que era grecoamericana me sorprendí; pensaba que era latina. Diana habla griego, inglés y español. Saber que podía hablar español hizo que me agradara de inmediato. Pensar que una no latina se tomara el tiempo de aprender mi lengua materna, me impresionó.

Unas semanas después de que iniciara el semestre de verano, Diana asignó la tarea de preparar un ensayo para hacer una presentación acerca de los grupos a los que pertenecemos (racial, económico, religioso, etc.). Fui a casa a trabajar en esto, pero la tarea resultó difícil. *¿A qué grupos pertenezco?* No tenía la menor idea. Jamás había pensado en mí como alguien que pertenecería a nada fuera de mi familia. A través de sus golpizas, mi padre había instado en mí la idea de que yo no valía nada. De que realmente no pertenecía en ningún lugar, ni siquiera en su vida.

Me encontré escribiendo acerca de mi vida. Escribí como si Diana estuviera allí en mi habitación conmigo y yo le estuviera contando mi historia a una amiga de confianza. Escribí cómo, en México, mi familia y yo habíamos vivido en la pobreza, de manera que mi padre se fue de casa para buscar trabajo cuando yo tenía apenas dos años de edad. Su sueño era construirnos una casa en México, pero en 1976 el peso sufrió una devaluación de 58% y la vida se tornó mucho más difícil. Unos años más tarde, mi madre siguió a mi padre hacia el norte. Mientras él y mi madre estaban en los Estados Unidos trabajando, mis hermanos y yo sufrimos toda una serie de malos tratos de los parientes de mi padre. Los vecinos y nuestros familiares nos solían llamar "los huerfanitos", porque los Estados Unidos nos habían quitado a nuestros padres. Realmente nos sentíamos como huérfanos. El dinero que nuestros padres enviaban para nuestro mantenimiento lo gastaba mi abuela en ella y en mi prima, su nieta favorita, por lo que mis hermanos y yo solíamos andar descalzos y en harapos.

Mientras mis padres estaban lejos, mi padre abandonó a mi madre por otra mujer y terminó su matrimonio sin que yo realmente tuviera oportunidad de tener una familia con padre y madre. Sin un solo recuerdo de mi padre y de mi madre juntos, me sentía que me había sido robada la familia que añoraba tener. En mayo de 1985, mi padre volvió a México para traernos a mí y a mis hermanos con él a este país.

Nuestro nuevo hogar fue Highland Park, un barrio de Los Ángeles predominantemente latino. Tuvimos que acostumbrarnos a múltiples cambios: tuvimos que aprender un nuevo idioma, adaptarnos a una nueva cultura. Y tuvimos que llegar a conocer a nuestro padre que, para nosotros, era un completo extraño. También tuvimos que familiarizarnos con su nueva esposa, la mujer que se había interpuesto entre mis padres y había puesto fin a su matrimonio de doce años.

En México, habíamos romantizado el recuerdo de nuestro padre ausente. Como suele ocurrir con los niños que se ven separados de un padre o a quienes les falta un padre, la imagen de nuestro progenitor era más grande que en la vida real ante nuestros ojos. Cuando venimos a vivir con él, comenzamos a darnos cuenta de que el padre que habíamos idealizado en México no era el padre con el que habíamos venido a vivir.

Mi padre resultó ser un alcohólico que nos azotaba sin razón con su cinturón. Su alcoholismo fue de mal en peor con el paso de los años culminando en una batalla infructuosa contra un cáncer hepático. Cuando conocí a Diana, era una niña inmigrante de dieciocho años que luchaba contra muchos traumas emocionales. Para entonces, mis hermanos se habían ido de casa y no tenía nadie a quién acudir, nadie que me diera fuerza, nadie para protegerme cuando el alcohol hacía que mi padre perdiera la cabeza. Tuve que soportar su abuso físico sola. Después de que me golpeara, no había nadie para sostenerme mientras lloraba. Mi hermana y mi hermano se habían ido, por lo que tenía que tragarme mi dolor y mis heridas y sentirme como me había sentido en México. Como una huérfana. Me preguntaba con frecuencia si mi padre se habría degenerado durante su paso ilegal a los Estados Unidos. Con frecuencia elaboraba fantasías en las que veía a mi padre real —al que me amaba y me apreciaba— sin perspectiva en tierra de nadie, en la frontera entre Estados Unidos y México. Rezaba pidiendo que regresara algún día.

Mi hermana mayor dejó la universidad y comenzó a trabajar tiempo completo porque quería comprar un carro y estaba ansiosa por salirse de la casa de mi padre. Tenía veintiún años y estaba cansada de nuestra sofocante vida de familia. Al año siguiente mi hermano mayor también dejó la universidad. Se casó a los veinte años y dejó la casa de mi padre, ansioso por iniciar una familia propia y crearse para sí el tipo de familia que nuestros padres no nos habían podido dar.

Cuando fui aceptada en UC Irvine, mi padre no me permitió ir. Me dijo:

—También vas a abandonar la universidad, así que, ¿para qué molestarte en ir?

Fui demasiado cobarde para contradecirlo. En cambio, esperé seis meses hasta que, por fin tuve el valor de desafiarlo. Me matriculé en Pasadena City College en enero de 1994. Mi decisión de enfrentarme a mi padre y matricularme por mi cuenta en la PCC demostró ser una de las mejores decisiones que tomé en mi vida. De lo contrario, nunca hubiera conocido a Diana.

Unos pocos días después de presentar mi ensayo, Diana me pidió que fuera a su oficina. El hecho era que yo había escrito sobre el tema equivocado.

—Escribiste un ensayo autobiográfico —me dijo—, necesito que lo vuelvas a hacer, pero creo que eres una muy buena escritora.

Eso no me lo había dicho nunca nadie. Cuando Diana me devolvió mi trabajo, me sentí distinta.

Había venido escribiendo un diario desde que estaba en la escuela media. Al comienzo, empecé a escribir porque quería aprender inglés más rápido. Cada vez que aprendía nuevas palabras en inglés, las practicaba utilizándolas en frases o poemas. A medida que mi inglés fue mejorando, empecé a escribir historias cortas. Era una ávida lectora por la misma razón: para aprender el idioma. Me enamoré de los libros y de los mundos que ponían a mi alcance. Pero nunca nadie me dijo que fuera una buena escritora. Nunca me habían dicho jamás que fuera buena para nada. Punto. Esta fue la primera de muchas cosas que Diana me diría que marcarían una diferencia en mi vida.

Cuando terminó el verano, me sentí triste de pensar que no volvería a tener a Diana como profesora, por lo que, cuando empezó el semestre de otoño, iba a su oficina entre una y otra clase. No le conté mucho acerca de mi vida en mi hogar. En cambio, hablábamos de libros y de escribir. Siempre me estaba preguntando por mi más reciente historia. Dos semanas después de haber empezado el semestre, cumplí diecinueve años. Para mi cumpleaños, Diana me regaló *The Moths and Other Stories* (Las polillas y otros cuentos) por Helena María Viramontes. Ese fue el primer libro que alguien me regalara en mi vida.

A veces, quería hablarle a Diana de mis problemas en mi hogar, acerca de las discusiones cada vez más frecuentes entre mi madrastra y mi padre. Peleaban por muchas cosas, pero para ese entonces, peleaban por otra mujer. Mi padre engañaba a mi madrastra. Ahora mi madrastra estaba experimentando la misma angustia y el mismo dolor que mi madre había experimentado muchos años antes. Cuando regresaba a casa de la universidad, los encontraba en la sala gritándose uno a otro. Seguía de largo hacia mi habitación. Era mejor que no interviniera ni me pusiera a favor de ninguno de ellos.

Una noche oí que mi madrastra me llamaba a gritos. Fui corriendo a la sala, justo a tiempo para ver cómo mi padre la hacía caer sobre el sofá y luego se le lanzaba encima mientras con su mano derecha sobre su cara le empujaba la cabeza contra el cojín. Ella luchaba por liberarse de él, incapaz de respirar. Por mucho que se esforzara, no pudo quitárselo de encima. Yo me quedé allí de pie, incapaz de moverme o hablar, no podía creer que la estuviera golpeando. Durante los nueve años que había vivido con mi padre, jamás había golpeado a mi madrastra. Sus golpizas las reservaba para mis hermanos y para mí. Me apresuré a defender a mi madrastra, pero no pude lograr que dejara de golpearla.

La pelea terminó y mi madrastra fue llevada al hospital.

Más tarde esa noche, alguien me sacudió y cuando me desperté y abrí los ojos vi a una mujer policía parada a mi lado que me miraba desde arriba. Tenía una linterna en la mano y me llevó a la sala, donde vi a otros dos policías esposando a mi padre. Luego lo llevaron a la puerta. Los seguí y me quedé parada en el porche viendo cómo lo bajaban por las escaleras. No podía quitar los ojos de las esposas. No podía creer que mi padre estuviera esposado.

Cuando lo introdujeron a la patrulla, me miró por un instante, justo antes de que la patrulla se lo llevara.

La mujer policía me dijo que entrara de nuevo y nos sentamos en la sala. Quería saber todo lo que había ocurrido entre él y mi madrastra. Me di cuenta que no podía hablar. ¿Cómo contarle acerca del abuso? ¿Cómo decirle que me daba pena lo que mi padre había hecho, como si yo fuera igualmente culpable por el simple hecho de ser su hija? ¿Cómo decirle que aunque sabía que había recibido su merecido, todavía le *tenía* miedo? No quería que nada le ocurriera a mi padre. No quería que lo enviaran a la cárcel. Quería preguntarle a la mujer policía: *¿Qué va a ser de él? ¿De mí? ¿De todos nosotros?*

Fui a ver a Diana durante sus horas de oficina. Tenía que hablar con alguien y ella era la única persona en la que podía confiar. Golpeé en la puerta de la oficina de Diana y, por un instante, pensé en dar la vuelta e irme. ¿Para qué preocuparla con mis problemas? Pero tan pronto como abrió la puerta y dijo "¡Reynita!" en esa voz aguda característica de ella, sentí que había tomado la decisión correcta. Nunca nadie me había llamado Reynita. Ni siquiera mi propia madre.

Le conté a Diana lo que había pasado el fin de semana. Aunque me había prometido no llorar, diciéndome que Diana no necesitaba mi tragedia, no pude contener las lágrimas. Diana me tomó de la mano y dijo:

—Reynita, no puedes seguir por más tiempo en esa situación. Tienes que pensar en la universidad, eso es lo único que te debe preocupar.

Nos quedamos en silencio después de eso y con el pañuelo desechable que me alcanzó me sequé las lágrimas. ¿Cómo podría no preocuparme? ¿Cómo podría escapar de todo esto? No tenía adonde ir.

—¿Quieres venir a vivir conmigo? —dijo Diana.

—¿Qué? —le pregunté frotándome los ojos.

—¿Quieres venir a vivir conmigo?

Me quedé mirándola sin saber qué decir. No podía creer que me estuviera abriendo la puerta de su casa. Había estado pensando en fantasías acerca de vivir en otro lugar, en cualquier otra parte que no fuera la casa de mi padre, excepto que no tenía realmente muchas opciones. Mi hermano y mi hermana tenían sus propias familias y vivían lejos de PCC y yo no tenía automóvil. Mi madre y su nueva familia vivían en una pieza pequeñísima en Skid Row en el centro de Los Ángeles. Entonces, cuando Diana me preguntó si quería ir a vivir con ella, mi primer instinto fue gritar "¡Sí!", pero me contuve, porque durante toda mi vida siempre había pensado que sería una carga para cualquiera que se ocupara de mí. Lo último que quería era ser una carga para Diana, pero sabía que si no aprovechaba esta oportunidad que el destino me estaba presentando, podía no encontrar otra.

—Sí, Diana —dije, asintiendo con la cabeza.

—Vendrás a vivir conmigo Reynita —dijo Diana estirando su mano para tomar la mía—. Desde ahora, mi casa será tu casa.

Ese fue el día que Diana me demostró lo que era tener una verdadera amiga. Se convirtió en mi ancla. Cuando me recibió en su casa, me dio esperanza. Su casa se convirtió en mi refugio.

Diana vivía en una casa de tres alcobas al otro lado de la PCC. Ella era del Medio Oeste. Había venido a Los Ángeles a enseñar en la UCLA. Después, dejó su puesto para obtener un doctorado y se convirtió en una estudiante que podía pagar su propio estudio y se hizo autosuficiente. No tenía familia en Los Ángeles y se había abierto camino por sí sola. Cuando vine a vivir con ella tenía treinta y nueve años, entonces no sabía que Diana había visto en mí una similitud con ella. Una mujer joven que intentaba abrirse camino en esta gran ciudad, totalmente sola, pero con un enorme deseo de lograr sus metas. Fue eso y la idea de que yo tuviera que caminar por las oscuras y peligrosas calles de Skid Row si fuera a vivir con mi madre, lo que hizo que Diana quisiera llevarme a vivir con ella.

Diana era soltera y tenía cuatro perros. Había convertido uno de los dormitorios en una biblioteca, pero tenía tantos libros que algunos de ellos estaban en la sala. Nunca en mi vida había estado en una casa donde hubiera libros. Pensé que era el cielo.

Al principio, permanecía en mi cuarto y procuraba no alterar las actividades de Diana. En la casa de mi padre había aprendido a volverme invisible. Había aprendido a encerrarme con llave en mi habitación y a salir únicamente cuando no había nadie en casa. Pero para mí tercera noche en la casa de Diana, ella asomó la cabeza a mi habitación y me preguntó si quería acompañarla en la sala. La seguí porque no quería que pensara que mis destrezas para sobrevivir eran falta de urbanidad o ingratitud. Nos sentamos en la sala. Diana corregía trabajos y yo me ocupaba de mis tareas. Durante una pausa en su tarea de corregir, Diana entró en la biblioteca y entró con un libro. Me lo entregó y me dijo:

—Toma, ¿has leído esto?

Tomé el libro que me entregaba y leí el título, *The House on Mango Street* (*La casa en Mango Street*). Le respondí que no con la cabeza. Nunca había oído hablar de Sandra Cisneros. Los únicos libros que había leído eran los que encontraba en la sección de Adultos Jóvenes de la biblioteca pública de Arroyo Seco. Libros como *Sweet Valley High* y *The Baby-Sitters Club*. Pero, en esa sección, no había libros de escritores latinos.

—Debes leer este libro, Reynita, es maravilloso —dijo Diana.

Tomé el libro y encontré un lugar confortable en el sofá en donde leí mientras Diana terminaba de calificar. Es difícil describir el impacto que ese libro tuvo en mí. Era algo absolutamente exquisito. El lenguaje poético, las hermosas imágenes, la forma como las palabras simplemente fluían una tras otra. Pero en el libro había algo más que el talento de Cisneros como escritora que hizo que la lectura fuera tan abrumadora para mí. Cuando llegué al capítulo titulado "Sally" me eché a llorar, y temblaba con una intensa tristeza y una sensación de impotencia. Es un capítulo acerca de una niña joven que vive con un padre abusivo. Todos los días vuelve corriendo a casa de la escuela, a una casa de la que su padre no le permite salir.

Sally, has deseado alguna vez no tener que volver a casa, que tus pies simplemente pudieran seguir andando y llevarte lejos, muy lejos de la calle Mango...

¿Cómo hizo Cisneros para saber que eso era exactamente lo que yo había sentido durante muchos años? El deseo de que mis pies simplemente pudieran seguir andando y seguir llevándome de un lugar a otro, hasta un hermoso hogar en el que fuera querida y deseada. Releí el capítulo y con cada palabra sentí que Cisneros se estaba acercando y me estaba hablando directamente. Sentí una conexión con esta escritora, con esta persona que nunca había conocido. De pronto sentí el deseo de conocerla y de preguntarle: *¿Cómo lo sabía? ¿Cómo sabía que así es como me siento?*

—Bien, ¿qué piensas? —me preguntó Diana mirando el libro que yo tenía apretado estrechamente contra mi pecho. Pero no le pude responder. Me ardían las lágrimas en los ojos y no podía encontrar las palabras para describir lo que estaba sintiendo en ese momento.

The House on Mango Street fue una revelación. Había personas que entendían, que habían experimentado las cosas por las que yo estaba pasando. Esta escritora, Cisneros, había escrito acerca de mis deseos más íntimos. Al igual que Sally, tampoco yo pertenecía a la casa de mi padre. Y al igual que Sally también yo deseaba poder reír y que nadie me llamara loca porque me encantaba soñar y soñar... volví a leer el libro unas cuantas veces más en el curso de la semana y a medida que leía, empezaba a entender por qué Diana había dicho que yo era una escritora. Nunca había estado expuesta a la literatura chicana/latina. Había estado demasiados años leyendo los libros equivocados, como *Sweet Valley High* y esas novelas de Harlequin a las que me aficioné durante la secundaria. Ni siquiera sabía que existiera la literatura chicano/latina. Si lo hubiera sabido me habría dado cuenta de que las historias que había venido escribiendo, historias sobre mi cultura, mi niñez en México, mis experiencias como inmigrante, trataban con temas sobre los que valía la pena escribir.

Después de *The House on Mango Street*, Diana me dio otros libros que me convencieron de tomar más en serio mi vocación de escritora. Después de haberme iniciado en la lectura de Viramontes y Cisneros, me dio las obras de otras escritoras latinas como Isabel Allende, Julia Álvarez y Laura Esquivel. A través de ellas, Diana plantó en mi interior una semilla y a medida que seguí leyendo los libros de estas mujeres, esa semilla comenzó a germinar.

Los meses que pasé con Diana fueron muy especiales para mí, me expuso a cosas que nunca antes había conocido. Me llevó a restaurantes griegos e italianos. Me mostró películas extranjeras que le gustaban y, a veces, en la tarde, nos sentábamos en su patio de atrás a programar mi futuro mientras lanzábamos pelotas para que sus cuatro perros las atraparan.

—Tienes que ser escritora, Reynita —me decía—. Tienes que transferirte a una buena escuela, Reynita —una y otra vez me repetía lo mismo como un estribillo—. Si Álvarez, Cisneros y Viramontes pueden publicar sus historias, tú también, Reynita.

Eventualmente, empezó a sincerarse también conmigo, contándome detalles de su familia, sus preocupaciones, sus deseos, sus amores. Pero, la mayoría del tiempo, el centro de nuestra conversación tenía que ver conmigo, puesto que Diana quería asegurarse de que yo estuviera bien después de que me fuera de su casa.

Diana me ayudó a llenar solicitudes para becas, escribió cartas de recomendación, asistió conmigo a desayunos para becas y fue una de las primeras en felicitarme cuando gané. Diana fue la última persona que vi antes de viajar a UC Santa Cruz, la escuela adonde me había recomendado transferirme.

Pero lo que más recuerdo de mi estadía con Diana es lo siguiente: salir de mi habitación sin que alguien me gritara, me golpeara, me insultara y me menospreciara. Después de nueve años de recibir ese tipo de tratamiento en la casa de mi padre, había llegado a creer que la vida era así. Diana me enseñó que la vida podía ser distinta.

En 1999 me convertí en la primera persona de mi familia en graduarse de la universidad, en obtener mi BA en literatura creativa y en firmar películas y videos. Justo antes de finalizar el semestre, la UCSC había animado a los miembros del último semestre a escribir un ensayo sobre un profesor o profesora que nos hubiera inspirado. Desde el momento en que me fui a vivir con Diana, me había prometido que algún día le retribuiría el favor. Vi la idea del ensayo como una oportunidad para hacer justamente eso. Mi ensayo fue elegido como el mejor, y Diana vino invitada a Santa Cruz, por avión, para que pudiera asistir a mi graduación. Recibió el "Premio de Maestra Distinguida" y se me pidió que hablara de ella ante la clase de los estudiantes que se graduaban en 1999.

Eso fue hace doce años. Desde entonces, he publicado dos novelas, *Across a Hundred Mountains* (A través de cien montañas), que recibió el American Book Award en 2007 y *Dancing with Butterflies* (Bailando con mariposas), que ganó el International Latino Book Award en 2010. Mi tercer libro —un libro de memorias— fue publicado en 2012. Desde entonces he ganado un MFA en escritura creativa y una credencial como docente. Me casé. Me convertí en madre. Diana siempre ha estado conmigo en todas estas experiencias. Me ha visto convertirme en la mujer que soy hoy.

Diana es una de las pocas personas a quienes puedo llamar y con quien puedo hablar acerca de mi vida como escritora; es una de las pocas personas que me entiende. Aunque mis hermanos me apoyan, no son buenos lectores y no saben mucho del mundo de los libros. Cuando mi padre regresó a México, se le permitió terminar el tercer grado antes de ser enviado a trabajar en el campo. Tan pronto como mi madre se graduó de la escuela elemental, fue enviada también a trabajar. Hasta el día de hoy, mi madre nunca ha leído mi trabajo y debido a que ya murió, mi padre nunca lo leerá.

Por esta razón, cuando regresé a casa después de haber asistido al Macondo Writers' Workshop, sintiéndome inspirada y agradeciendo a mis estrellas de la buena suerte por permitirme conocer a mis heroínas literarias, sé que no puedo llamar a mi familia. Me dirían, "¿Sandra quién? ¿Julia quién?".

Entonces llamo a mi comadre, mi mentora, mi amiga, mi adorada Diana.

CLASES DE COCINA

Daisy Martínez

La primera forma como recuerdo que mi mami me expresó su cariño fue cuando arrancó una presa de pollo recién sudado de una olla de sopa, soplándola para enfriarla y me la puso en la boca. Si alguna vez han experimentado un gesto similar, sabrán cuánto amor, protección y seguridad sintieron. Para nadie que me conozca deberá ser una sorpresa, por lo tanto, que mis recuerdos más entrañables estén relacionados con la comida; desde la compra de los ingredientes hasta la preparación y por último la culminación de servir esa comida a las personas que amo. Realmente creo que alimentar a alguien es una de las cosas más íntimas que podemos hacer: estamos tocando, probando y oliendo constantemente el plato que por último utilizaremos para alimentar a otra persona. He tenido la suerte de tener no uno sino cuatro hijos para quienes he podido reproducir el simple acto de amor de la mamá y además, he tenido la suerte de poder agradecerle a mi mamá honrándola con mis propias recetas.

Otra lección que mi mamá me enseñó desde muy temprano es cómo la comida es un punto focal en casi cualquier tipo de celebración: una condolencia, una reconciliación, una reunión, inclusive una seducción (recuerdo que mi abuela me contaba cómo se llega al corazón de un hombre a través del estómago). Todos se reúnen alrededor de una mesa para compartir el pan y, si están comiendo, estarán hablando y forjando relaciones. Como chef profesional, tengo la suerte de ganarme la vida haciendo algo que me encanta y como independiente, también tengo la fortuna de poder elegir exactamente para quién voy a cocinar (hace mucho tiempo me prometí no cocinar para nadie a quien no ame; sería el peor acto de hipocresía). Además, mi profesión me ha permitido utilizar el arte de cocinar como un instrumento de enseñanza, y no sólo de enseñar "cómo" preparar una receta, sino que, a medida que voy cocinando voy dando consejos maternales. Motivo a mis estudiantes a abrirme su corazón. Con frecuencia hablamos de aspectos culturales. Ya sea que esté cocinando con mis hijos, enseñando en las escuelas públicas del centro de Nueva York o haciendo demostraciones de cocina, puedo fortalecer relaciones. La docencia agrupa todas mis fortalezas y me ubica en el lugar más placentero.

Hacer programas de televisión y publicar libros me ha llevado a Facebook, a tweetear y a escribir un blog, y he creado un sitio web, donde tengo la oportunidad de comunicarme con muchas personas. No es de sorprender, entonces, que haya desarrollado relaciones con admiradoras que frecuentan esas plataformas y que están ansiosas de hablar de alimentos y recetas y de compartir sus propias historias.

El año pasado, pude ver que había tres mujeres jóvenes, en especial, que me seguían en múltiples campos sociales, comentaban con regularidad, e inclusive empezaron a subir fotografías de los platos que preparaban. Estas jóvenes eran latinas, enérgicas y talentosas, que, aunque compartían el amor por la cocina, eran muy diferentes entre sí. Mimi era una esposa joven, trabajadora social. Ofelia era estudiante y madre soltera. Rachel era una mamá joven y una gran aficionada al blog. A través de los constantes intercambios diarios de "me gusta" acompañado de comentarios o envíos, o cualquier otra cosa que pueda hacerse en un computador o en un teléfono inteligente hoy en día, llegué a conocer a estas mujeres un poco mejor. Muy pronto estaba riendo con ellas, guiándolas a través de simples ejercicios en la cocina y estableciendo relaciones. Esperaba con entusiasmo interactuar con ellas cada día. Cuando empezaron a aparecer en varias de mis direcciones de Facebook en el otoño de 2010, decidí que ya no eran simples admiradoras, estas hermosas mujeres muy capacitadas se estaban convirtiendo en mis amigas.

De inmediato, Mimi comenzó a consultar mis libros de recetas y a mandar fotografías de sus platos ya terminados a Facebook y francamente me impresionó con su facilidad para preparar alimentos y su forma de presentarlos. Ofelia publicaba mis recetas en Twitter y las presentaba en una columna regular titulada Sabroso Saturdays en su blog, Dos Idiomas-Two Languages. Rachel comentaba generosamente en mis páginas sociales, apoyaba a sus colegas latinas y documentaba rigurosamente sus experiencias en la cocina en su propio blog, The Digital Latina. Cuando me di cuenta de cuánto esperaba con entusiasmo seguir sus mensajes, empecé a preguntarme también cómo sería pasar un día con estas tres latinas jóvenes, inteligentes y energéticas, en la cocina. ¿Estaría sobrepasando límites? ¿Estaría cruzando fronteras profesionales? ¿Estaría, Dios no lo quiera, actuando como mi madre me advertía que no lo hiciera, de forma *imprudente?*

Decidí que a este adorable trío le ofrecería una clase particular gratis; pensé realmente que era una forma maravillosa de "retribuirles" y agradecerles todo su apoyo. Entonces, les envié, tentativamente, un mensaje privado a través de Facebook y esperé, con ansiedad, sus respuestas. Si bien era consciente de que estas jóvenes eran ávidas pasajeras de "the Good Ship Daisy" quedé completamente abrumada por su versión electrónica de ruidos y risas que recibí de ellas. Les propuse algunas fechas y programamos lo que llamamos The Bold and Beautiful Blogger's Brunch el 19 de febrero de 2011, en mi casa. Lo que ocurrió después me divirtió enormemente; los e-mails y los mensajes iban y venían a un ritmo vertiginoso:

¿Cómo debo ir vestida?
¡Tengo que ir al salón de belleza!

Les aseguré que no tenían que venir con ropa elegante y les pedí que trajeran un delantal, un cuchillo de chef, un cuchillo para pelar y *¡por el amor de Dios,* vengan con zapatos cómodos! Yo estaba elaborando un menú bastante complejo, tomado de las páginas de dos libros *Daisy's Holiday Cooking* y *Daisy: Morning, Noon and Night,* y debían estar preparadas para permanecer de pie por varias horas. Naturalmente, estas jóvenes señoras pensaban documentar todo el día con sus cámaras y en sus notebooks. Rachel preguntó inclusive si podría invitar a su amigo JD Urban, un fotógrafo y videógrafo que trabajaba en un proyecto llamado "Everyday People" (Personas comunes y corrientes). Segura de que estas jóvenes mujeres podían medírsele a un día intenso de cocina, finalicé el menú.

Mejillones al estilo de la vieja escuela
Pechugas de pollo rellenas con plátano y champiñones
Salsa de mango y tocineta
Repollitas de Bruselas al hinojo
Strudel de banano y dulce de leche

Sobra decir que mi plan era que mis acólitas trabajaran para ganarse su cena, por así decirlo. Si iban a pasar el día en la cocina conmigo, me aseguraría de que aprendieran un par de cosas.

Llegó el sábado que habíamos convenido y fue un día frío, triste, gris. Me levanté temprano para alistar los recipientes para la preparación. Daría a las jóvenes su primera lección de cocina: la importancia del *mise-en-place*, o tener listos todos los ingredientes para la receta antes de tomar un cuchillo o encender la estufa. Había impreso con anticipación juegos de las recetas para que los revisaran, con la intensión de enfatizar la importancia de leer una receta de principio a fin, y volverla a leer, antes de comenzar. Una vez que tuve todo listo, me puse un delantal, preparé café fresco y esperé a que llegaran mis estudiantes. No tuve que esperar mucho tiempo; llegaron puntuales a las diez de la mañana.

Entre las risas y los abrazos —y la repetición de la frase *¡Cielos, no puedo creer que esté contigo!*— intenté calmarlas y asegurarles, con un abrazo, que esto no era más que un día en la cocina con su tía. Luego anuncié que había programado algunas técnicas medianamente difíciles para ellas, por lo que no debían desperdiciar más tiempo. Mimi le envió a su esposo John un beso a distancia, desde la puerta, y le dijo que lo llamaría para decirle a qué hora debía venir a recogerla. No pude dejar de notar su expresión de tristeza cuando se fue en el auto.

Una vez que tuve ya a Mimi, Rachel y Ofelia en la cocina, y después de que todas habíamos tomado café o agua, entregué a mis estudiantes los paquetes de recetas después de que les asigné una tabla para cortar y un lugar dónde trabajar, les pedí que leyeran las recetas y pensaran cómo distribuiríamos las tareas del día. Se decidió que empezaríamos despresando los pollos y deshuesando las pechugas para tenerlas listas para rellenar. Se trata de un procedimiento relativamente difícil porque además de deshuesar la pechuga de pollo junto con el ala, hay que cuidar la piel del pollo para que quede intacta. Lo mismo puede decirse de la piel de la pata y el muslo que sirve para envolver la pechuga y mantiene la piel húmeda mientras se dora y se asa.

Las muchachas se ubicaron en sus sitios de trabajo, nerviosas y entusiasmadas. Después de practicar la técnica para ellas, en mi media gallina les indiqué que repitieran el procedimiento con sus respectivas porciones. Además de darles las instrucciones, les fui dando indicaciones, ánimo y algunas normas de higiene. Enfaticé la importancia de mantener a mano un antibacterial para limpiar el cuchillo y la tabla de limpiar cuando se trabaja con aves (hay que tener cuidado de que no haya contaminación cruzada ni salmonella), por ejemplo. No pasó mucho tiempo para que *las muchachas* comenzaran a sentirse en la cocina como patos en el agua y comencé a relajarme y a disfrutarlo; convencida de que ninguna se cortaría un dedo, o algo peor.

Cuando las chicas dominaron sus pollos (hay que hacer un chiste de vez en cuando), continuaron con las demás tareas: preparar el picadillo de champiñones y el puré de plátano maduro e ir incorporando los sabores para la salsa. Aprendieron a dorar los huesos de los pollos que habíamos roto y agregar las hierbas aromáticas que se llaman *mirepoix* (un término elegante para la combinación de cebollas, zanahorias y apio) y a colar y utilizar el caldo de sustancia para preparar la salsa de mango con tocineta. Con cada receta que aprendían, las muchachas se tranquilizaban cada vez más y no pasó mucho tiempo para que la cocina se llenara no sólo de los aromas de nuestro inminente banquete, sino del sonido de sus risas. Carolina, mi maravillosa asistente, y JD activaban sus cámaras en ángulos que producían vértigo, mientras se las arreglaban para no estorbar. Pasamos entonces a preparar la salsa de las repollitas de Bruselas, y al enterarme de que una de mis estudiantes nunca había probado las repollitas de Bruselas (dejaré que permanezca anónima) se le asignó trabajo adicional con esos vegetales difíciles de manejar.

Después, les di otra corta demostración de cómo abrir en mariposa y aplanar una pechuga de pollo, mezclar los componentes del relleno de la pechuga (champiñones picados y puré de plátano maduro), y luego les mostré la mejor forma de enrollar y amarrar la pechuga en un paquete perfecto. Así, el pollo estaría listo para sellarlo en el sartén antes de meterlo a asar al horno, el último paso de la preparación. Mis tres aprendices estaban muy orgullosas de sus logros, y con razón. Yo me alejé unos pasos y las observé en acción. Interactúan bien entre sí, ofreciéndose a ayudar cuando alguna tenía alguna dificultad. Sin embargo, cada una definió su papel en el espacio de trabajo. Una cocinó los mejillones al vapor. Otra permaneció parada pacientemente batiendo la salsa bechamel y la tercera picó las hierbas aromáticas para el relleno. Sazonaron, probaron y volvieron a sazonar, preguntando la opinión de cada una para confirmación; tostaron, rellenaron y enfriaron los mejillones con pimienta. Luego comenzaron a estudiar la receta para el strudel de banano con dulce de leche, que nos había estado haciendo agua la boca a todas durante el día.

Para quienes tienen experiencia en la cocina, trabajar con pasta filo es una tarea difícil, y resulta aún más problemática para una novata, se corre el riesgo de rasgar por dejar secar las hojas, lo que las endurece y puede llevar a todo tipo de complicaciones. Monté entonces dos estaciones de trabajo para que las muchachas armaran los strudels, que habíamos programado hornear para el postre. Rachel preparó los bananos. Mimi y Ofelia, atareadas preparando las toallas húmedas, los moldes engrasados con mantequilla derretida, las brochas para la pasta, el papel pergamino y las latas de hornear a fin de garantizar el éxito del dulce final de la cena. Todo esto mientras nos afanábamos por encontrar otro par de manos que pudieran bañar de huevo y migas de pan los mejillones para apanarlos antes de freírlos. Por experiencia, este es tal vez el aspecto más difícil de preparar una cena: tener todo listo de modo que todos los componentes del menú se mezclen al mismo tiempo garantizando que al momento de servir la temperatura sea la ideal para así disfrutar de una deliciosa cena.

Con los strudels ya armados, doramos en el sartén las pechugas hasta que adquirieron un color dorado por fuera y después las pusimos en el horno para terminar de asarlas a fuego bajo, a 350°F. Entre tanto, mientras la salsa se conservaba en la estufa, alistamos el aceite de canola, calentándolo a la temperatura adecuada para freír los mejillones rellenos de jamón y champiñones, apanados, cubiertos con salsa bechamel, que todas estábamos ansiosas de probar.

Me complacía ver que esa incipiente relación originada a
través de los medios sociales estuviera floreciendo no sólo ante
mis ojos sino totalmente en mi cocina. Con un ojo en el reloj,
pude mantener a mis alumnas dentro del horario previsto y de
pronto me pregunté qué estaría haciendo el pobre esposo de
Mimi para mantenerse ocupado en una tarde de sábado tan triste
y fría. Mimi llamó a su esposo para que viniera a estarse con
nosotras; habíamos desterrado a John de la cocina para que no
nos estorbara.

Carolina puso la mesa con anticipación para nuestra deliciosa cena. Yo estaba en mi zona, con un ojo en cada uno de los
componentes, dirigiéndolas y diciéndoles: "Prueben para ver
si está bien sazonado, gradúen el calor del aceite, sáquenle la
nata a la salsa", etc. Ellas se desempeñaban en la cocina con la
precisión de un ballet, recordé cuánto me agradaba enseñar mi
afición y me acordé de las advertencias que me inculcó mi mamá
acerca de encontrar nuestra felicidad en el lugar de la casa que
representa el alma de cualquier hogar: la cocina.

Estábamos en los últimos momentos de la cuenta regresiva.
Sacamos las pechugas de pollo de horno, escurrimos los mejillones sobre toallas de papel y pusimos los strudels en el horno
a que se asaran mientras nos sentábamos a la mesa a disfrutar
nuestra cena. Salteamos por un momento las repollitas de Bruselas y en los dos minutos que se requirieron para que estuvieran listas, las muchachas compartieron lo que había significado
para ellas esta experiencia totalmente inolvidable y lo privilegiadas que se sentían de haber tenido la oportunidad de preparar

una comida y disfrutarla en mi hogar. Fue para mí un momento muy emotivo, un momento que terminó en un enorme abrazo grupal. Fue entonces cuando me di cuenta que estas mujeres y yo habíamos compartido una experiencia que nos uniría de por vida; nos habíamos convertido en comadres en el sentido más amplio de la palabra.

Sobra decir que todas esas horas que gastamos en la cocina, expuestas a los exquisitos aromas y fragancias nos habían abierto el apetito. Trabajamos sin descanso, con poco más que unos pocos vasos de agua o tazas de café. Sin embargo, todavía teníamos que llevar la comida a la mesa, por lo tanto, advertía a mis comadres que contuvieran las lágrimas de felicidad ¡al menos hasta el momento del postre! Desamarramos las pechugas de pollo, las tajamos y las servimos acompañadas por las repollitas de Bruselas al hinojo, ligeramente cocidas y bañamos el pollo con la delicada salsa aromatizada por el mango y la tocineta salada. *¡Mmmmmmm!* Fuimos todos al comedor y servimos nuestros mejillones dorados y cremosos con un delicioso vino blanco para complementar su condimentación. Luego procedimos con las pechugas de pollo al horno y con esas deliciosas tajadas y prácticamente crudas repollitas de Bruselas. Este era el momento para el que nos habíamos venido preparando durante todo el día, y a medida que cenábamos, compartíamos nuestras historias y nuestros deseos.

Mimi y Rachel soñaban con entrar a una escuela de cocina algún día, pero no estaban seguras de contar con la destreza necesaria. Las miré directamente a los ojos y les dije algo que en alguna oportunidad he dicho a cada uno de mis hijos. *Nadie podrá decirles nunca que no son lo suficientemente inteligentes, lo suficientemente fuertes, lo suficientemente altas, bajas, blancas o morenas. Nadie tiene derecho a decirles que no tienen lo que se requiere porque sólo Dios sabe las fuerzas que pueden sacar de sus reservas y lo que pueden hacer, y como jóvenes latinas, el cielo es el límite.*

Cuando sonó el cronómetro del horno donde se estaba asando el strudel, pedí permiso para levantarme de la mesa y sacarlo del horno. Quedé sorprendida de pensar que estas jóvenes mujeres fácilmente habrían podido ser mis hijas y de lo agradecida que estaba con Dios por darme la oportunidad de inspirarlas de cualquier forma, por pequeña que fuera, para poder llegar más allá de sus zonas de control y explorar las ilimitadas posibilidades que encierra su futuro. Sabía, sin lugar a dudas, que sería responsable, que tenía que dar cuenta de mis hechos a estas jóvenes latinas, por el tiempo que me lo permitieran, que tendría que asesorarlas, ofrecerles un hombro donde llorar y corregirlas, cuando creyera que eso era lo que necesitaban. Aunque seguiría supervisando su desarrollo a través de nuestros sitios en las redes sociales, ahora tienen mi teléfono celular y mi dirección y les recomendaría que hicieran uso de ellos sin reservas.

Serví el strudel en los platos, rocié un poco de dulce de leche sobre el crujiente rollo de banano e intenté librarme del nudo de emoción que tenía en la garganta. Al servir el último plato, supe que aunque nuestra cena estaba llegando a su fin, representaba también el comienzo de unas largas y significativas relaciones; y comprendí que vínculos como estos sólo pueden compartirse realmente entre mujeres.

• • •

Después de recoger la mesa y lavar la loza —más lágrimas, más abrazos y promesas de compartir fotografías y enlaces de blogs— preparé unos paquetes para las muchachas, como cualquier buena comadre lo haría, las acompañé hasta la puerta y me aseguré de que estuvieran bien abotonadas, bien abrigadas con sus bufandas para protegerse del frío. Durante los días siguientes, varias veces me encontré sonriendo sola al recordar un comentario o una anécdota que hubiéramos compartido. Y luego quedé totalmente sorprendida cuando no sólo Mimi sino también Rachel me comunicaron que habían hecho una cita para visitar mi alma mater, el French Culinary Institute en Manhattan. Me propuse estar disponible para ellas siempre que me necesitaran para animarlas o para darles apoyo moral. Nuestro sábado en la cocina, que comenzó como un gesto de agradecimiento hacia tres mujeres jóvenes que me habían brindado todo su apoyo, se convirtió en una lección de vida: *Uno nunca sabe quién lo está observando para inspirarse. Siempre conviene comportarse de la mejor forma para que las lecciones que damos con el ejemplo sean positivas.*

El 1 de noviembre de 2011, asistí al grado de Mimi en el French Culinary Institute. Había renunciado a su empleo como trabajadora social y aunque estaba aterrorizada, se lanzó de cabeza a la arena culinaria. Rachel está trabajando tiempo completo como bilingüe paralegal, pero dice que su pasión por la comida no ha dejado nunca de ser una parte importante de su vida diaria. Ofelia está terminando sus estudios académicos

y piensa casarse este año. En cuanto a mí, sigo estando orgullosa de mis comadres y de sus logros. ¿Saben *cómo* lo hago? En
la ceremonia del FCI yo era esa mujer que estaba en primera
línea con los pompones de porrista y esa ridícula y enorme sonrisa en su rostro, saltando constantemente de emoción. Soy su
comadre.

LAS CHICAS ANÁRQUICAS

Michelle Herrera Mulligan

Cuando la Sra. Litz* presentó a Tara Nelsen a nuestra clase de segundo grado, no me di cuenta. Había estado demasiada distraída mirando el reloj. El escuadrón de ineptos debía venir a recogerme a las diez de la mañana. Tenía poco tiempo.

Después de que mis padres anunciaron su divorcio, pasé de ser tímida y engañosa a prácticamente muda y la Sra. Litz recomendó que visitara la terapeuta de la escuela. Tenía pavor de esa cita. Ya había estado antes donde la "Dra. Ann". Tenía una oficina mal ventilada, cerca de la sala de almuerzo, un agujero adonde los mexicanos y los adoptados desaparecían durante horas.

La Dra. Ann llegó con su asistente a las 10:02 de la mañana. Esperaron pacientemente al otro lado de la puerta, mientras la Sra. Litz me llamaba por mi nombre. Probablemente estaba mirando al suelo mientras me dirigía al frente de la clase, y pasé por el pupitre donde se encontraba la niña nueva.

Cuando llegamos a su oficina, la Dra. Ann se sentó frente a una pequeña mesa. Miró a su asistente, quien salió rápidamente del consultorio.

—Bueno, pensé que podríamos jugar un pequeño juego… ¿no te parece divertido? —comenzó.

—¿Qué tipo de juego? —dije.

---

* Todos los nombres, excepto el de Tara y el de la autora han sido cambiados.

—Bien, tal vez podríamos pretender que estás en casa.

Puse sobre el escritorio una enorme casa de muñecas plegable. Para abrirla, había que doblarla hacia afuera por el centro. Fuera de la pintura rosa del tejado que inspiraba confianza, las habitaciones de la casa eran grandes y no tenían decoración.

—Mira —dijo la Dra. Ann, mientras ponía un pequeño sofá de terciopelo y unas cuantas muñecas sin rostro en el centro—. ¿Por qué no me muestras cómo son las cosas en tu casa?

No le entendí.

—¿Quiere la casa alegre o la casa triste? —le pregunté.

—¿Cuál es la diferencia?

Me encogí de hombros.

—En la casa alegre, el sofá se caería. No había suficientes muñecos para representar el caos de mis hermanos, mis padres, mis tíos y mi abuelita, todos en la misma habitación, o las cumbias y las risas guturales que soltaban.

—¿Por qué no me muestras la casa triste?

No respondí. Después de que se mudó de la casa, mi madre comenzó a venir todos los días por unas pocas horas después de que salíamos del colegio. La casa triste fue la que ella dejó al irse, un cascarón vacío que se abría ante mí. ¿Cómo podría describir a mi padre, a mis hermanos y a mí sentados, muy tensos, sobre terciopelo, sosteniendo platos de cartón manchados de pizza congelada y tratando de no notar la brecha que se iba formando entre nosotros?

—No quiero hablar. Quiero volver a clase —dije.

—Está bien —dijo, cerrando la casa—. Es suficiente por hoy.

• • •

Pero yo sabía que la terapia no había terminado. Tendría que empezar a hablar, o, de lo contrario, quedaría atrapada frente a la casa de muñecas demasiado pronto.

Sonó la campana para el almuerzo y dejé el consultorio de la Dra. Ann. Encontré a los de mi clase justo cuando estaban haciendo fila fuera de la puerta del comedor. Chip Salders se tapó la boca como para ahogar una carcajada, cuando pasé a su lado.

—¡Oigan, es la loca!

Sandy Marstead, que estaba en la fila, dio un salto cuando ocupé mi lugar detrás de ella.

—Sra. Litz, me está *tocando* otra vez.

Yo retrocedí varios pasos. Esperé mientras todos los demás fueron entrando a la cafetería. Yo estaba demorándome a propósito golpeando mis zapatos contra la pared cuando oí por primera vez la voz de Tara.

—Oye, ¿vas a venir?

—¿Qué?

Estaba segura de que hablaba con otra persona. Me di la vuelta. Tenía el pelo largo, como el de una mujer mayor; era de un rubio color miel, despeinado y le llegaba hasta la mitad de la espalda. No tenía capul, ni hebillas, y ningún otro distintivo infantil que suavizara el efecto. Una diadema plástica dejaba ver un par de grandes ojos color avellana en un rostro delgado, en forma de corazón.

—¿No puedes hablar? ¿Vas a venir a almorzar o qué? —preguntó con una pequeña sonrisa. Tenía los dientes torcidos pero no los escondía. Su sonrisa era muy amplia.

—Sí, ya iba a entrar... —respondí entre dientes. Tara levantó sus ojos al techo.

—Bien, entonces entra.

Me tomó por la manga y me arrastró con ella.

Cuando entramos a nuestro pequeño y abarrotado comedor, intenté salir sin ser vista. Estaba acostumbrada a sentarme sola en mi rincón con mi rostro escondido en un papel de aluminio que envolvía un pedazo de jamón con queso y mi descuadernada copia de *The Phantom Tollboth*. Ya estaba de espaldas a Tara cuando me agarró por el brazo de nuevo.

—¿No quieres que nos sentemos juntas? Cielos.

—No, bueno, sí, sólo pensé…

—Sólo siéntate, anda, siéntate ya —de un empujón, quedé en la banca.

—¿Cómo te llamas?

—Michy —susurré. Era vergonzoso, pero cierto.

—¿Fishy?

—No, MICHy.

—Oh, bien, yo soy TAH-RA, no Tara, como la casa en ese libro —dijo.

—¿De veras ese sándwich sólo tiene mermelada? —pregunté horrorizada mientras miraba cómo mordía un pan Wonder con un pegote de algo que parecía uva.

—¿*De veras* vas a leer ese libro? —dijo, cuando vio que abría mi arrugado libro de bolsillo, aplastando la cara de Milo detrás de la costura del libro por milésima vez.

Ninguna de las dos respondió, mutuamente sorprendidas de nuestro extraño comportamiento.

—¿Quieres venir a mi casa después del colegio?

—¿Siempre hablas tan duro? —pregunté.

—Ven… podemos irnos juntas, ya conozco el camino; puedo irme sola.

Me clavó el dedo índice a un lado como si quisiera sacarme de mi terquedad.

—No puedo, mmm, debo preguntarle a mi ma… quiero decir a mi papá… no sé quién estará en casa.

Mi boca se torció como sobre canicas invisibles. Nadie dijo nada de dónde estaba viviendo mamá, pero en ese momento me parecía algo poco claro, inimaginable.

—¿Entonces? —se encogió de hombros—. Mamá nunca está tampoco. Ella trabaja.

La miré sin decir nada mientras terminaba su sándwich. Su dulce voz no concordaba con su cuerpo delgado y tenso. Se veía pequeña pero fuerte, una buscapleitos con ropa de niño.

Tara se había mudado a Carpertersville, Illinois, después de que su madre había llegado a casa un día y había anunciado que se había casado. Se estarían mudando de su primer apartamento detrás de la tienda de descuentos Venture, a una casa sobre una calle bordeada de árboles. Tara había visto a su nuevo padrastro, un hombre regordete con pelo en mechones y una gruesa barba, sólo una vez. Su madre había dicho que él había arreglado todo. Era su primera semana en la ciudad. Desde el momento que me vio en la fila, nos convertimos en una unidad, una mezcla de grano suave y tallo fuerte que se combinaron rápidamente para lograr sobrevivir.

Poco después, comenzó a subirse a los árboles conmigo a la

hora de almuerzo para poder leer libros que yo le traía a granel. Los manteníamos en contacto a través de notas que nos pasábamos o de un lado a otro del salón con movimiento de ojos cada quince minutos. Diseñábamos estrategias contra nuestros enemigos, nos hacíamos señales en clave y rastreábamos cada movimiento de nuestro más reciente amor. Si alguien me decía algo desagradable, yo tartamudeaba y ella golpeaba al tonto. Ella lo miraba enfurecida. Movía sus fuertes hombros con fuerza. Era como la hermana que siempre había soñado, sólo que más fuerte, más graciosa y más inteligente.

—¿Dónde conseguiste esos pantalones? —preguntaban.

—En el mismo lugar donde tu mamá consiguió ese vulgar top de tubo.

—¿Por qué estás con esa retardada?

—¿Por qué eres tan fea? —se expresaba en la jerga punk de la pobreza.

Ms. "Hasnotits" frecuentemente los amenazaba con encerrarlos. Chip "Mocoso" y Sandy "Apestosa" llegaron a la fila sin ningún comentario. Ms. Litz eventualmente nos separó en la clase pero al menos no hubo más referencia a la terapia. Bajo su influencia, mis palabras salían ahora más rápido.

—¿Quieres venir? —preguntaba Tara casi todos los días sin preocuparse de por qué ella no le gustaba a mi madre—. Sólo ven a mi casa después del colegio.

—No puedo.

—¿Por qué no?

—Porque mi mamá…

—¿Y qué?

—Ven de todas formas.

• • •

El primer día fui con ella, adentro el ambiente era cálido, las paredes traqueaban con su enchapada imitación madera y olían a cigarrillo. Ella se paró sobre una torre de libros y encendió la estufa.

—¿Qué haces?

—Preparo la cena.

—Pero se supone que debo llegar a casa a las cuatro…

—¿A quién le importa?

Esperó a que hirviera el agua y luego agregó el paquete saborizado de pasta de una caja de macarrones y queso.

—No me gusta la leche —dijo—. Lo voy a hacer sólo con mantequilla.

Después jugamos al hospital veterinario remplazando los remiendos de sus osos de peluche rotos por cinta de enmascarar y cubriendo los ojos dañados con vendas de papel.

—¿Qué pasó, de todas formas? ¿Con tu mamá y tu papá? ¿Cómo es que ya no vive aquí?

—Creo que lo odia.

—Oh —asintió—. ¿Por qué?

—No lo sé, pero está intentando volver. Quiere que él se vaya a vivir a otra parte —puse los animales de peluche boca abajo en una pila, como si estuvieran listos para meterlos en las bolsas de cadáveres.

—Está bien, pueden venir aquí —dijo, dejando que su mano rozara mi hombro mientras levantaba un oso panda desgastado—. Cuando quieras, ¿está bien? Somos sólo tú y yo.

—Pero no sé dónde voy a estar —dije, mientras mis ojos

comenzaban a llenarse de lágrimas. Yo tomé de nuevo el oso panda, enrollando lentamente sus orejas y desbaratando las recientes puntadas—. Mi papá dice que no quiere irse.

—Estarás aquí —interrumpió ella, quitándome suavemente el oso panda de la mano—. Puedes venir aquí.

Puso el oso en la cabecera de la cama. Era un leproso milagrosamente curado, con sus ojos de plástico volteados hacia arriba como para darle la cara a la luz.

Para el quinto grado, se borro la línea entre su familia y la mía. Mi madre había vuelto a obtener la custodia y lentamente volvía a mi casa. Como conciliación por la brutalidad de su divorcio, mis padres aceptaron ahora a Tara. Las horas de tres a cinco eran de ella y de los extensos bosques que se extendían silvestres alrededor de nuestras casas. Mi mamá la llamaba Taralecas y en una ocasión le puso un polvo de maní picante de la tienda mexicana en la boca, como hacen las tigresas para alimentar a la fuerza a un sute, riendo histéricamente mientras Tara tocía y le salían chorros de lágrimas que rodaban por su cara.

Hasta mi padre me permitió llevarla con nosotros en algunas de nuestras incómodas visitas postdivorcio. Cuando por primera vez lo vi esperándonos en un ruidoso lugar donde jugaban bolos, me di cuenta de que sus camisas de rugby firmadas se le veían demasiado grandes y brillantes, como si no hubiera habido allí nadie que le dijera que había comprado la talla equivocada. Siempre que las rondas de golf en miniatura se tornaban demasiado competitivas, o que las mínimas remezclas disco del lugar de bolos se tornaban insoportables, Tara sabía cómo mantenernos a los dos distraídos.

En los días en los que el padrastro de Tara nos llevaba al colegio en su pickup, aprendí la letra de la canción "The Devil Went Down to Georgia", que parecía haberse quedado pegada a la grabadora sin fin de su viejo pasacintas de ocho pistas. Recordé que no debía poner mis pies sobre la tela que cubría el agujero del piso del asiento del pasajero.

Su madre me llamaba hon y cuando quería quedarme en la noche, a veces Tara tenía que llamar a los bares locales para encontrarla y pedirle permiso.

—Claro que sí. ¿Qué demonios? —podía oír su voz ronca en el teléfono—. Tal vez ella no permita que incendies el lugar.

Tuvimos distintos juegos a medida que pasaban los años. Si no teníamos dinero para el bus, nos quedábamos en su habitación y apostábamos prediciendo lo que se pondrían los vecinos para ir a la iglesia. Hacíamos pegas por teléfono y timbrábamos en las puertas de las casas para luego salir corriendo. Sin ningún adulto para supervisarnos era como nuestra pequeña fiesta de travesuras permanente. Hacíamos sesiones de espiritismo y le pedíamos consejo a la tabla ouija. Barbie pasó de ser una mamá de la Asociación de Padres y Maestros a convertirse en una destructora de hogares. Skipper fue una prófuga sin suerte, forzada a trabajar como prostituta adolescente cuando no estaba ensayando para su banda de rock de sólo niñas.

Nada nos pertenecía a ninguna de las dos. Me sacaba el chicle de la boca y respondía las preguntas que me hacían en clase.

—¿Cómo sabías que no estaba prestando atención? —le pregunté en una oportunidad.

—Tonta —dijo—. Podía sentir cómo tu cabeza viajaba hacia el espacio desde el otro lado del salón.

Una tarde, la maestra me llamó aparte para preguntarme si quería ensayar las clases de ESL. Preguntaba lo mismo todos los años aunque yo tenía un apellido irlandés y sólo hablaba español cuando quería Taco Bell. Tara alcanzó a escuchar.

—¿Por qué actúan como su fueras mexicana, porque tu familia lo es? —Me miró de arriba abajo con sospecha, como si yo hubiera sido siempre una impostora—. ¿*Alguna* vez hablaste español? ¿Por qué, entonces, tu inglés es tan bueno?

—No, ni siquiera toda mi familia lo habla —dije nerviosa—. Sólo del lado de mamá. En realidad yo no puedo hablar español.

—¿Entonces tú no eres mexicana sino sólo la familia de tu mamá?

No quería ser mexicana. No me gustaba la forma como los papás conducían sus camiones y escuchaban a todo volumen la música de acordeón que hacía que me dolieran los oídos, ni cómo las mamás siempre olían a cebolla al salir de la cocina.

—Sí —dije, aliviada—. Así es.

Ese año nuestro colegio decidió hacer un desfile de Halloween en el barrio por la tarde. Mi mamá dijo que me iba a sorprender con mi disfraz. En la mañana del gran día, salí de mi habitación para encontrar una grotesca máscara de bruja con una nariz de gancho sentada en el sofá como una cabeza degollada. Mi mamá estaba cómodamente sentada junto a la cabeza, como si se tratara de una amiga que había invitado a tomar té.

—¡No crees que es lo máximo! —dijo—. Fui a todos los

almacenes del centro comercial para encontrar algo distinto
¿sabes? Te haré unas largasy las pintaré de manera que se vean
realmente miedosas. No habrá nadie igual a ti.

Siempre le encantó lo macabro, la máscara venía con una
capa negra y una corta falda rosada.

Estaba nerviosa por lo que podrían pensar los niños del colegio, pero no quería desilusionarla. Quien diseñó la máscara
parece que no tuvo en cuenta los agujeros para respirar, por lo
que cuando llegué al colegio estaba ahogada y sudorosa. Todos
me miraban mientras pasaba. Bajo la luz amarillenta de nuestro
salón de clase, tenía una apariencia aún más perturbadora, como
si las arpías de Macbeth hubieran contraído un grave caso de
difteria. Las incrédulas miradas se convirtieron en susurros y
todo el mundo parecía estar hipnotizado por mi palidez mortal.
Después de una hora, ya no resistí más. Me excusé a la primera
oportunidad que tuve y salí corriendo al baño. Tara salió corriendo detrás de mí y me encontró llorando y quitándome con
lágrimas el maquillaje verde que mi mamá había agregado a mis
mejillas y a mi cuello para dar mayor autenticidad.

—¿Por qué lloras? —preguntó sorprendida.

—Todos me miran. Me siento extraña.

—¿Te sientes extraña? —con una actitud dramática deslizó
su máscara de plástico sobre su cara—. ¡Mírame! Soy un ate-
rrador Ewok. —Las mejillas moldeadas de tamaño exagerado
pretendían simular *The Return of the Jedi*, los pequeños bolsillos
de felicidad ni siquiera le cubrían la cara—. Al menos tu madre
trató de buscar algo. Creo que la mía simplemente compró esto
en el almacén de un dólar, ¡cinco minutos antes de que tuviera
que salir de casa! —dijo, moviéndose incómoda bajo el plástico

negro que formaba el resto de su disfraz—. Si quieres, me pondré esa cosa horrible.

Extendió su mano y me miró. No recuerdo si usó la máscara por un rato y bromeó con ella durante el desfile persiguiendo a los niños pequeños y gritando maldiciones o si simplemente imaginé que lo hizo cada vez que necesitaba reírme. Fuera como fuera, después me sentí muy bien. Para cuando mi madre llegó, tenía la máscara puesta y me había aplicado de nuevo el maquillaje, las lágrimas se habían secado hacía rato.

Tara podía tener sus cambios de ánimo. A veces no encontraba una nota en mi puesto al llegar al colegio. En esos días, por muchas veces que dijera su nombre, nunca se volteaba a mirarme. Cuando llegaba al comedor, ella ya se había ido. Había cumplido once años y durante el recreo salía a caminar con los niños o estaba con las niñas a las que les gustaba montar bicicleta o jugar otras cosas. Yo me subía al árbol sola. O me mecía hasta lo más alto que alcanzaba a llegar. Esperaba. De una forma u otra, ella siempre volvía.

Una mañana de otoño, llegó al colegio con una cuchilla de afeitar ligeramente oxidada que había encontrado en el gabinete de su padrastro. Durante el recreo subimos la gran colina más allá de la parte donde la grama se volvía café, y donde colgaba del árbol el neumático de caucho.

—Seremos hermanas de sangre, ¿te parece? —dijo—. Sólo muéstrame tu dedo, no va a doler mucho.

Como de costumbre, no dije mucho. Sólo cerré los ojos y estiré el brazo esperando sentir el calor de su mano junto a la mía.

• • •

Cuando terminamos la primaria, y llegó por fin el momento de cambiar de distrito para entrar a los primeros años de secundaria, Tara decidió que necesitábamos un cambio. Estaríamos con los niños ricos de Barrington y teníamos que vernos bien. Una o dos semanas antes de que empezaran las clases, fuimos al centro comercial. Buscamos por entre los estantes de los almacenes de descuento de novedades y entre todos los exhibidores intermedios para encontrar uno o dos conjuntos que pudiéramos comprar con nuestro dinero proveniente de cuidar niños.

Tara renunció a su imagen de niña ruda y decidió experimentar con sombra azul para los ojos y faldas cortas de roquera. Escuchábamos canciones de George Michael y bailábamos música de Duran Duran mientras nos medíamos interminables combinaciones de faldas asimétricas, pantalones de neón y otras joyas que encontramos en los cajones de rebajas. Contábamos de nuevo nuestros defectos ante el espejo por milésima vez.

El primer día de colegio estuve sola al menos durante las primeras horas antes de almuerzo. Tara y yo no estábamos en los mismos salones de clase. El colegio parecía enorme, limpio, casi como un anfiteatro comparado con las pequeñas y repletas aulas de nuestro colegio de primaria.

Para el tercer período, mi estómago estaba hecho flecos: era hora de la gimnasia y estaba sola, no estaba Tara para ocultarme detrás de ella. Para cuando terminó la clase, era un paquete de nervios. Salí corriendo hacia el caluroso cuarto de los lockers, con las manos bañadas en sudor y en Jean Naté, apresurándome a ponerme de nuevo mi ropa. Procuraba recordar dónde estaban los espejos para poder reforzar mi brillo de labios rosado cuando oí unas voces suaves a mi espalda.

—Oye, ¿cuál es la diferencia entre una *spic* y una hooker?

—Una spic *huele* a basura y es demasiado estúpida para atacar.

Oí que las risas sofocadas se iban acercando.

—¿Ves lo que lleva *puesto?*

Sentí una emoción malvada recorrerme mientras terminaba de ponerme los jeans y la camisa. Era perverso, pero debían haber estado hablando de las hermanas Martínez, *cholas* en capacitación que solían tirar piedra y buscar pelea con todas las niñas de mi cuadra. Las voces que oía a mi espalda tenían que pertenecer a las Verdaderas Niñas Blancas que acababa de ver entrar al cuarto de los lockers. Eran la perfecta representación de los últimos años de la década de los ochenta, vestidas con jeans Guess y camisas blancas perfectamente planchadas, de $150 dólares, con sus crespos resultado de una permanente aplicada por profesionales, estaban extra calificadas para poner la basura en su lugar. Yo quería unírmeles. Hasta que me di la vuelta lentamente y me di cuenta que, excepto yo, no había nadie más allí.

—Bueno, ¿no vas a decir nada, niñita? O ¿tú no *habla inglés?*

Me quedé ahí parada temblando hasta que se fueron, incapaz de guardar mis libros en mi bolsa ni de salir por la puerta. No veía la hora de encontrar a Tara para contarle lo que había ocurrido, ella lo arreglaría todo; sabría qué decir, pero cuando la vi, a la hora de almuerzo, estaba riendo, mirando a todo alrededor de la cafetería como un explorador que cruza una nueva montaña.

—Todo es excelente aquí, ¿no es cierto? —dijo, fijando su atención en todos los que pasaban por la mesa donde estábamos sentadas. Me quedé muda. Tendría que esperar hasta que terminaran las clases, para poder estar con ella a solas. Cuando subí al bus, escasamente podía respirar. Sentía que me habían sacado todo el aire.

—No voy a poder quedarme aquí.

—¿Qué dices? ¿Estás sobreactuando?

—No, lo digo en serio —respondí tan rápido como me fue posible. Necesitaba que ella se diera cuenta—. Me odian. Me miran como si quisieran que estuviera muerta.

—Que se pudran —dijo—. Son una manada de perras snob. ¿Qué pueden hacerte? Sólo tienes que hacerles frente. Diles que tus "hijas de mami estarán esperándolas más tarde", tóseles encima y diles que tienes herpes. Asústalas un poco.

Ella no entendía. El odio en sus caras me atormentaría en mis pesadillas. Ella se puso los audífonos. Para ella, el problema estaba resuelto.

A medida que fue avanzando el año, las pequeñas reinas snob también le hicieron la guerra fría; después de todo, a sus ojos, no era mejor que el carro de la basura. Pero Tara ya había empezado a reunirse con un grupo diferente. Se quedaba largo rato en los corredores con Jessie O, una rubia platinada como experimentos de Sun-In a la que le gustaba patear los lockers con sus botas blancas amarradas con cordones hasta arriba. Tara había empezado a desviar la mirada cuando me veía venir, fijando los ojos en el piso mientras golpeaba el metal con el suave sonido de sus zapatos de cuero con flecos. No pasamos tiempo juntas después del colegio durante meses.

Una noche me invitó a salir por la noche a untar yemas de

huevo en los autos suburbanos, con su novio. Fui por la oportunidad de verla pero no puedo decir que la mayoría de mis huevos dieron en el blanco; siempre me he sentido incómoda cuando se trata de violar la ley. Después, nos sentamos en el estacionamiento. Permanecí tan silenciosa como John, que se sentía atraído por la cultura de los skinheads y había cubierto a Tara con su chaqueta de piloto de bombardero. John, mirando más allá de donde estaba Tara, fijó sus ojos en mí con una mirada fría que me penetró hasta la médula. Me fui temprano esa noche. Más tarde Tara me dijo que con frecuencia discutían por lo mismo:

—¿*Por qué* te juntas con una indocumentada?

—Es mi mejor amiga.

Seguíamos trabajando como ayudantes dos veces por semana en el Tex-Mex donde mi madre trabajaba como mesera. Por alguna razón, seguíamos siendo buenas amigas, aún cuando no lo éramos. Me sentía más perdida cada día. Para cuando terminó el octavo grado tenía un promedio de D y perdí unos treinta y cinco días de colegio.

Por raro que parezca, a pesar de mi mala libreta de calificaciones, me dediqué a escribir como una forma de pasar el tiempo. Un poema que presenté a un concurso local había ganado una mención de honor. Eventualmente conocí a otras niñas, muchachas con las que podía hablar de revistas de cómics o de televisión en los corredores, pero no había muchas con las que me reuniera después de clases. Excepto por esos escasos momentos cuando Tara y yo podíamos volver a estar solas, nada podía igualarse a la cruda sinceridad y la creciente oscuridad de nuestras conversaciones después de clases.

—¿Crees que es una idiotez cuando las personas dicen que podrían vivir sin nada? —le pregunté un día mientras estábamos viendo un programa de punks en los años setenta que habían huido de su hogar. Su hermano menor, de unos pocos años, corría incontroladamente por la habitación como si lo hiciera al ritmo de la pista de sonido de The Ramones.

—Probablemente, pero míranos. Las cosas no han sido nada fáciles para nosotras —Miró alrededor de la sala de su casa, oscura, llena de juguetes rotos y de ropa limpia a medio doblar—. No importa lo que uno tenga. Lo que importa es con quién ande.

Imaginé a John, con su puño cerrado fuertemente detrás de la espalda de Tara. No iba a dejar que ella se saliera con la suya.

—¿Con quién quisieras estar tú? —le pregunté con un tono de voz frío. Me deslicé una o dos pulgadas en el sofá, retirándome de ella. Quería que le doliera—. ¿Lo podrías dejar a él? —señalé a su hermano.

—No lo sé —respondió, y lo acercó a ella—. Probablemente no.

Nos quedamos calladas. En la televisión, las niñas punk estaban dibujando símbolos de anarquía con pintura de aerosol en sus chaquetas. Sus novios estaban cerca a ellas sosteniendo la tela y deslizándola sobre sus hombros.

—¿Cómo se siente? —pregunté—. ¿Cuando pone sus manos sobre ti?

—Francamente —dijo—, se siente como basura. Porque sé que, pase lo que pase, nunca será suficiente para mí. Simplemente no puedo acercármele tanto como quisiera. Sé que no debería —dijo, y levantó sus ojos para mirarme—. Pero creo que no lo puedo evitar.

—Sí —dije—. Yo sé.

Por algún tiempo, no hablé con ella. Evitaba encontrarme con su madre en los supermercados. Trabajé turnos extras. Unas pocas semanas después de que nos graduamos del octavo grado, me invitó a una fiesta de familia. Su padrastro había destilado un licor especial para nosotras. Dijo que nos haría ser mujeres de pelo en pecho.

—Se lo merecen —dijo mientras nos daba palmadas en los hombros—. Demonios, esto es lo más lejos que cualquiera de nosotros haya llegado en los estudios.

Marcamos nuestro rito de iniciación mezclando el licor transparente y amargo con mezcladores para vino y soda Walmart.

Hasta que caímos dormidas.

En la secundaria, cambió el terreno que pisábamos. En el enorme y nuevo territorio, que incluía un campo de golf y un auditorio completo, teníamos campo para reinventarnos. Con más de mil estudiantes, se habían formado cientos de nuevos microgrupos. Las porristas racistas se desvanecieron en el trasfondo entre sociedades de cultura asiáticoamericana y grupos de apreciación de Shakespeare. Tara y yo habíamos encontrado nuevos lugares dónde encajar. A simple vista, nos veíamos iguales. Tara abandonó a su novio y a su pandilla de skinheads y las dos usábamos la misma ropa genérica de los noventa: camisetas de conciertos de rock, máscara negra y gruesa en las pestañas, leotardos de colores, jeans con cortes en la tela y botas compradas en almacenes de descuento. Accidentalmente nos equivocábamos y tomaba una la camisa escocesa de la otra porque ¿cómo podíamos diferenciarlas? Pero en nuestro interior, la brecha estaba creciendo. Yo me uní al personal del periódico del colegio y trabajé como voluntaria en Amnistía Internacional. Mis camisetas olían más a Downy que a pachulí o a humo de cigarrillo.

Mis últimas horas del día se estaban llenando de currículo de ubicación avanzada, grupos de estudio y largas horas de preparación de trabajos escritos. Después de una intensa conversación con mi hermano mayor, que estaba a apenas un año de iniciar sus estudios universitarios en la Universidad de Chicago, empezaba a entender: si no comenzaba a esforzarme por mejorar mis notas, me quedaría estancada en el mismo callejón sin salida por el resto de mi vida. Tara también estaba ahora más ocupada; tomaba fotografías sin parar y se estaba organizando con la PETA, además había ingresado a un grupo de teatro. Todavía nos veíamos los fines de semana y, a veces, en la tarde. En las fiestas bebíamos vodka con jugo de naranja, como si nada hubiera cambiado; nos cubríamos una a otra cuando nuestros padres llamaban.

Un día en nuestro segundo año de secundaria, después de no habernos hablado por varias semanas, me llamó, destrozada, con voz ronca por las lágrimas.

—Mi madre lo arruinó todo —me dijo—. Tommy y Andrew se van. Tenemos que mudarnos.

La única figura paterna que había conocido estaba llevándose a su hermano y se regresaba a Arkansas. Tara y su madre terminaron mudándose a un pequeño apartamento cerca de un centro comercial en el centro de la ciudad. Cuando aprendió a conducir, en el tercer año de secundaria, ahorró dinero suficiente para comprar un Neon usado. Era lo más parecido al automóvil que realmente quería: el vehículo que nos llevaría en nuestro escape.

Más adelante, ese mismo año, la estaba observando mientras doblaba la ropa limpia después del colegio, cuando oí que su madre forcejeaba con la cerradura, empujando la puerta con su cuerpo, más que con la llave.

—Cielos, ¿mamá? —oí que decía Tara mientras corría hacia la cocina—. Ni siquiera puedes usar la llave, ¿no es cierto? No te importa este lugar en lo más mínimo. No puedo esperar el momento de irme de aquí. Ya lo verás. Michy y yo vamos a abandonar el colegio. Nos vamos para Canadá a buscar a mi papá. Y entonces ¿qué vas a hacer tú? ¿Forzar la puerta para entrar?

La historia era que el padre biológico de Tara se había visto obligado a volver a Canadá poco después de que Tara fuera concebida para cumplir alguna obligación militar.

—¿A tu padre? Ni siquiera sé quién es, por lo que van a tener que buscar por mucho tiempo. Sin embargo, no me molestaría en ir hasta Canadá, puede estar en cualquier parte.

Su madre soltó una ruidosa carcajada mientras se dejaba caer en su asiento. Cuando Tara regresó al dormitorio su rostro era inexpresivo. No lloró, no dijo una palabra. Sólo siguió separando la ropa interior de los tops entubados y dejando a un lado lo que llevaría en su maleta, que siempre estaba lista, por si acaso.

—Nos podríamos ir en el automóvil —dijo, mirándome

directamente a los ojos—. Simplemente emprenderemos el camino hasta que sepamos qué vamos a hacer, como Thelma y Louise.

—Bueno, vas a tener que conducir por muchas horas —me faltaba aún mucho tiempo para obtener mi licencia.

—No, realmente no —Me tomó del brazo—. No me importa quién conduzca... de todas maneras se aprende por el camino. Conseguiremos un convertible. Iremos a las montañas los fines de semana e iremos sin que nos inviten a una u otra fiesta. Cuando volvamos a ir al colegio, seremos las más inteligentes del salón. Sabremos cómo vivir de lo que da la tierra.

—Podemos ahorrar el dinero de nuestras propinas —dije, comenzando a entusiasmarme.

La presión de los trabajos del colegio, mi familia y la preparación para los exámenes de la universidad me estaban afectando. Me imaginé lo que sería tener tiempo libre. Podíamos encontrar amigos universitarios y dormir en sus sofás. Veríamos árboles hermosos, como las sequoias, en el estado de Washington.

—Ya veremos qué hacemos; podemos instalarnos en algún lugar baldío, si tenemos que hacerlo —dijo.

—¿Quieres decir como esas chicas anárquicas? —le dije, recordando las chicas punk que dormían en el suelo y estaban siempre listas para ir a una fiesta, con sus labios pintados muy brillantes en los clubs de rock de Londres.

—Sí, exactamente —dijo, con los ojos muy abiertos, golpeando con los dedos el lado de su cama, con el olor de amoniaco del cuarto oscuro saliendo de sus brazos y llenando el aire—. Como esas chicas anárquicas... pero que estudian y no le pertenecen a nadie.

A partir de ese momento, nuestra huida era inminente. La idea siempre estuvo ahí, infectando nuestros sueños, inclusive cuando no hablábamos.

Cuando empecé a salir secretamente con un amigo que vivía cerca, esperé un tiempo antes de contárselo. Lo había llevado a mi cuarto a escondidas después de que mi madre se fuera para el trabajo y quería saborear la emoción de ver su piel negra contra la mía a la luz de la tarde, sintiendo sus manos en lugares secretos por primera vez. Unos días más tarde la tomé del brazo en la cafetería después de almuerzo. Había llegado la hora de una reunión de emergencia en el bosque. Pero cuando se lo dije, era a mí a la que le esperaba una sorpresa.

—Ah, sí, ya sé —me dijo. "Él me lo contó. El otro día estuve con él. Es muy raro, ¿no es cierto? Fue algo que simplemente se dio, así como así. Pero, no te preocupes —me dijo, cuando vio mi expresión—. Tú le gustas más. Y, además, dentro de un tiempo lo olvidarás. Cuando nos hayamos ido.

Mi ira y mi confusión no duraron mucho tiempo. Nuestra pequeña aventura se desvaneció por sí sola y ella tenía razón, él no iba hacia donde yo iba, un lugar que yo aún ni siquiera conocía. Pero a medida que pasaron los meses, y empecé a visitar universidades, todo se aclaró. En el bosque cerca de nuestras casas, durante el verano de nuestro penúltimo año de secundaria, comenzamos a ver la verdad mientras paseábamos por entre los frondosos árboles plateados y nos perdíamos, para encontrarnos de nuevo, una y otra vez.

—¿Realmente crees que podemos hacerlo? —me preguntó, mirando intensamente mi perfil—. ¿Crees que podremos llegar a la universidad juntas? ¿Ser compañeras de habitación?

En lugar de responder, miré a lo lejos, a la distancia, donde los árboles iban disminuyendo y por último se desvanecían hacia la carretera.

—Tú no estarás pensando en venir conmigo, ¿o sí? —dijo cruzando sus brazos con fuerza sobre su pecho—. Tú ya sabes para dónde vas.

—Lo siento —dije, mirándola al fin de nuevo—. Simplemente no puedo.

—Ya lo sé. Siempre lo supe.

El último verano antes de irme a la universidad, mientras nos preparábamos a vivir separadas la una de la otra por primera vez en diez años, detenía su auto a un lado de la carretera y siempre retomaba la misma conversación.

—Nunca encontrarás otra persona como yo —decía. Levantó mi mamo y la puso entre nosotras—. Nunca encontrarás nada como esto, ¿sabes?

En ese momento no lo sabía. No sabía que otras amigas no me iban a decir todo el tiempo exactamente lo que estaban pensando, no sabía que las mujeres no se perdonan naturalmente unas a otras, que no todo el mundo pensaba que no había ofensa que mereciera el tratamiento del silencio. Que jamás sentiría una relación en la que pudiera depender tan plenamente, una que no necesitara explicación. Ni siquiera recuerdo cuántas veces la llamé en un momento de estrés, cuando mi hermano menor necesitaba que lo llevaran al hospital o cuando mi familia estaba en una violenta pelea. Era la única que podía entrar en un drama en español y en inglés y no decir una palabra. Simplemente subía a su automóvil y arrancaba.

En ese otoño me fui a una universidad que quedaba a ocho horas de distancia. Ambas sentimos de inmediato el agudo dolor de la separación. Más tarde me dijo que había llorado durante horas después de que yo me fuera, escuchando una y otra vez la misma mezcla de grabaciones que habíamos hecho juntas. En mi nueva universidad, la buscaba en todas las muchachas que conocía. Decidida a encontrar alguna que supiera jurar como un marinero o que pudiera arrastrar una dona por un camino rural cubierto de hielo.

Nos vimos cuando volví a casa y después cuando ella empezó la universidad cerca de Carbondale, Illinois. Si yo intimaba con otros amigos en la universidad, nos escrudiñaba con sus ojos cerrados como rayas, buscando una conexión que no teníamos. Se sorprendió cuando dije que quería pasar mi año de pregrado en México.

—Pensé que odiabas todo eso —dijo—. ¿Esas chicas? ¿La familia de tu madre? ¿*El español*? ¿La comida? ¿Qué vas a ir a hacer allá?

Pero ¿cómo podría ella entenderlo? No había sido tan fácil como yo lo hice ver, reírse de los chistes, los comentarios y la invisibilidad que seguía experimentando en mi universidad. La palabra mexicana tenía que significar algo distinto, más hermoso que las calles sucias cerca al puente donde creció mi madre o la chica de piel oscura del camión de tacos que veían en mí cuando me miraban en el colegio. Un día, en una clase de historia del arte, vi una serie de fotografías de los murales de David Alfaro Siqueiros. Estudié los rostros gigantescos, vívidos y decidí que tenía que verlos en persona. Quería quedar sobrecogida por la violencia del color y de la escala. Necesitaba amigos que simpatizaran con los zapatistas, un profesor mexicano como amante y la música del idioma español que me enseñaran que tenía un lugar al que pertenecía. Un lugar en donde podía ser mexicana y americana a mi manera.

Lo más lindo de Tara era que, al final, no tenía que explicarlo todo. Cuando no respondía, ella sólo me miraba con los ojos entornados y asentía con la cabeza. Ese espacio que ella no podía ya alcanzar, ese punto sensible donde me puyaba con su dedo bajo las costillas, estaba ahora vacío. Y ella tendría que esperar hasta que yo pudiera encontrar la forma de llenarme de nuevo. Pero sabía que, cuando regresara, estaría aún allí de pie, al borde del bosque, esperando. Nuestro vínculo estaba sellado con sangre.

UNA CONEXIÓN DE CORAZÓN A CORAZÓN

Dra. Ana Nogales

Durante muchos años me sentí como una extraña. Mientras crecía en Argentina, experimentaba un distanciamiento tácito con los niños de mi edad, porque mis padres eran inmigrantes y su idioma natal no era el español sino el polaco. Mi madre y mi padre habían escapado de Europa antes del holocausto, pero esto no era algo de lo que yo pudiera hablar con mis amigos. Era judía en un país católico, y las tradiciones de mi familia eran distintas de las de las familias de mis compañeros de juego, cuya aceptación deseaba con desesperación.

Mi madre valoraba enormemente la educación y rogó que me admitieran en un prestigioso colegio de niñas en Buenos Aires. Las estudiantes provenían principalmente de la clase privilegiada y era evidente, por mi incapacidad de participar en sus conversaciones sobre lujosas vacaciones y salidas de compras a tiendas elegantes, que no pertenecía a la misma liga de mis compañeras de clase. Recuerdo lo mal que me sentía acerca de no poder estar, como ellas, a la moda. Aunque teníamos que usar delantales blancos para vernos todas iguales, mis compañeras de clase levantaban sus uniformes para mostrar lo que llevaban debajo. Yo no tenía ropa elegante para mostrar, por lo que decidí esconderme. Muy pronto aprendí a ser cautelosa con mis compañeras, dado que los celos y la rivalidad eran dos factores generalizados. Permanecía con mi pequeño grupo de amigas, las que también eran vulnerables a las bromas sobre pertenecer a un estatus diferente. Juntas nos sentíamos seguras de las engreídas.

Esta sensación de no encajar, y no tener derecho a ser miembros plenos de la comunidad me acompañaría cuando migrara a los Estados Unidos en 1979 a la edad de veintiocho años. De hecho, mi sentido de ser una extraña se intensificó una vez que me establecí en California. Ahora era una inmigrante hispanoparlante en un mundo de habla inglesa, apartada tanto de los no latinos como de los latinos. En Los Ángeles, la mayoría de los latinos son mexicano-americanos, y en ese momento de mi vida sabía muy poco de su cultura. Además, eran muy pocos los mexicanos que conocieran algo del estilo de vida argentino. Cuando empecé a buscar empleo como psicóloga, no entendía lo que los empleadores prospectivos querían decir cuando sostenían que yo estaba "sobrecalificada" para trabajar como asesora. Después me di cuenta de que me veían como alguien que no comprendía la cultura local. Me preguntaba: *¿Eran tan diferentes a mis experiencias las de otros inmigrantes provenientes de otros países de América Latina?*

Sí, sí lo eran.

Pronto me di cuenta de que tenía mucho más que aprender, de lo que había imaginado, acerca de las distintas culturas de inmigrantes hispanoparlantes en Los Ángeles. Aunque todos hablábamos español, diferíamos en nuestros dialectos, en la forma de relacionarnos con otros y en los roles de género. Sólo mucho más tarde descubrí una verdad más importante: a pesar de nuestras diferencias, es mucho lo que tenemos en común. Poco a poco comencé a comprender que la experiencia de ser latina es muy similar, no porque hablemos el mismo idioma, sino porque amamos a nuestras familias y a nuestros amigos y honramos nuestros valores y costumbres con una pasión similar. Con el tiempo, mis conexiones con otras latinas siguieron desarrollándose. Me casé con un mexicano-americano que se convirtió en el padre de mis dos hijas menores, ambas preciosas mestizas. Mi hija mayor nació en Argentina, antes de que viniera a Estados Unidos.

Aunque mi hogar era muy hispanizado, me resultaba muy difícil aún crear vínculos estrechos con otros latinos; siempre tuve la sensación de que había algunos que creían que mi deseo de acercarme a la comunidad de chicanos no era sincero.

Recuerdo haber asistido a un retiro relacionado con negocios, en Washington, D.C., a principios de los años ochenta, en el que todos los participantes eran mexicano-americanos. Decidí que expresaría por fin mis sentimientos de aislamiento como una latina no mexicana-americana. Me sinceré y expresé lo que sentía, esperando que otros hicieran lo mismo y simpatizaran conmigo. Bien, eso nunca ocurrió. Dejé ese encuentro absolutamente convencida de que había quedado como una tonta. La experiencia me hizo sentir tan incómoda que comencé a distanciarme emocionalmente, aún más que antes. Me dije que no es adecuado mezclar los negocios con la sinceridad personal. Sólo mucho después llegaría a descubrir la forma tan hermosa como se pueden fusionar los negocios con la camaradería personal —si la reunión está compuesta exclusivamente de mujeres, cuando aprendí el valor de las reuniones de comadres.

Después de ese retiro de negocios, me di cuenta de la enorme diferencia entre la conducta de los hombres y las mujeres y cómo éstas últimas parecen actuar en forma diferente cuando están en compañía de hombres. Pude notar que las mujeres son mucho más auténticas cuando no hay hombres presentes en el salón. Podemos hablar de negocios pero también podemos preguntarnos unas a otras por nuestras familias y comentar los suntuosos zapatos de una de nuestras colegas. Esta supuesta "conversación intrascendental" está totalmente fuera de orden cuando hay hombres presentes, y se considera que tratar temas demasiado personales no es profesional.

A pesar de mis reservas iniciales acerca de exponerme en esos lugares, seguía interesada en conectarme con otras latinas. De forma sorprendente, el radio y la televisión se convirtieron en mi vínculo con la comunidad hispanoparlante. Rara vez me enfermaba, pero un día salí del trabajo y me encontré con el show de Enrique Gratas, *Mundo Latino* en Univisión, Los Ángeles, y tuve una epifanía. Me dije: "Él es también argentino. Lo llamaré y le diré que puedo venir a su programa hablar de psicología. Que podía hablar de temas que me interesaban e interesaban a miles de otras personas, incluyendo la experiencia de ser una inmigrante, la soledad y la necesidad de relacionarnos unas con otras". Estaba lejos de imaginar que la televisión sería mi medio para romper el hielo y conocer a otras latinas.

Además de aparecer en *Mundo Latino*, como una psicóloga de habla hispana, se me pidió con frecuencia que apareciera en programas de televisión y radio relacionados con temas psicológicos y problemas de relaciones. Entonces, me ofrecieron mi propio segmento en un programa llamado *Ella y Él*, en Univisión. El Dr. Juan Bustamante y yo interveníamos en dramatizaciones en cámara para destacar dilemas de relaciones y ofrecer nuestras estrategias profesionales para solución de conflictos.

Quienes llamaban al programa a compartir sus problemas y sus historias sentían el apoyo emocional que recibían no sólo de mí y del Dr. Bustamante, sino de los miles de televidentes de California del sur. Estábamos ahí unos para otros, en forma significativa.

A medida que fui conectándome con los latinos a través de las ondas de radio y televisión, ellos se fueron conectando conmigo y podía sentir el desarrollo de un vínculo sólido. Me ofrecieron un programa de radio diario, *Aquí Entre Nos,* en La Voz, el primer programa de opinión en idioma español en el sur de California. La mayoría de las llamadas provenían de latinas que hablaban de sus problemas con sus familias, en sus relaciones y a nivel laboral. No solamente estaban pasando por las circunstancias particulares que describían sino que también sufrían el aislamiento y la desesperación de no poder compartir sus problemas con una amiga de confianza. En las voces de las mujeres que llamaban podía detectar esa intensa ansiedad. Eran mujeres que necesitaban hablar, necesitaban comunicarse con otras que las comprendieran. Eran latinas que vivían en una sociedad que con frecuencia nos obliga a desconectarnos unas de otras. Y hubo otras que nunca tuvieron el valor de llamar al programa, pero que años después me comentaron cuánto habían aprendido al oír lo que otras mujeres decían.

Fue obvio para mí que cuando nos desconectamos unas de otras, estamos más propensas a sufrir de ansiedad, depresión y desesperación. Pero cuando buscamos el apoyo de otras mujeres, nos empoderamos. Comencé a presenciar los pequeños milagros que se pueden dar cuando las latinas hablan y escuchan a otras que se expresan desde lo más profundo del corazón. Una desconocida, que cuenta su historia de haber sido abandonada por el padre de sus hijos, o abusada por su esposo, se conecta con otra desconocida que escucha desde su hogar y que ha pasado por las mismas experiencias. Un intercambio tan auténtico puede crear un vínculo significativo. De pronto las extrañas se unen, se conectan por su necesidad y su oferta de apoyo mutuo. Estos programas de opinión fueron mi primera introducción al concepto del comadrazgo y de todos sus beneficios.

Mi programa de televisión diario siguió uniendo mujeres para el propósito de expresar sus problemas y contactarse con otras mujeres que habían pasado "por esa situación". Había una enorme necesidad no sólo de asesoría de una psicóloga profesional sino de una especie de consejería entre personas en igualdad de circunstancias que estaba demostrando ser una línea de salvación para tantas latinas. Después de que el *Los Angeles Times* publicara un artículo sobre mi programa, una cosa fue llevando a otra. Un agente literario me preguntó si estaría interesada en escribir un libro para parejas latinas que sirviera como guía para resolver problemas de relaciones y de paternidad. Naturalmente, dije que sí. Durante la gira para promocionar el libro, se me acercaron algunas mujeres a contarme sus experiencias y a decirme cuánto se habían beneficiado de ver a otras mujeres escribir aquellas situaciones por las que también ellas habían pasado.

Entre tanto, las latinas a quienes yo atendía tanto en mi práctica privada como a través de la organización de servicios de psicología sin ánimo de lucro que fundé, hacían eco a este sentimiento. De la misma forma, cuando compartimos nuestros éxitos y nuestros conocimientos podemos convertirnos en inspiración para las demás. Así nació mi libro *Latina Power!* Creo que las latinas son modelo de la profunda fortaleza con la que podemos empoderarnos unas a otras para nuestro mutuo desarrollo. Con demasiada frecuencia no nos damos el crédito que merecemos debido a nuestros orígenes familiares, aspectos psicológicos o prejuicios culturales.

Sin lugar a dudas, mi consciencia de la importancia de la comadre se ha desarrollado cada vez más y tengo un gran aprecio hacia las muchas mujeres que he tenido el privilegio de entrevistar y con las que me he podido conectar. Pero fue sólo hasta cuando conocí a la Dra. Nora de Hoyos Comstock que el mensaje detrás de las comadres alcanzó plena resonancia. Durante la entrevista con el *Washington Post,* se me preguntó acerca del significado de las comadres. Respondí describiendo las formas en las que las mujeres pueden beneficiarse de la atención, el apoyo y la amistad personalizada de una comadre que realmente se interese. Después, el reportero me preguntó si conocía a un grupo llamado Las Comadres Para Las Américas; en ese momento no lo conocía, pero pronto supe que detrás de esta organización había una mujer extraordinaria.

Nora creía firmemente en el poder de las comadres y fundó la organización con base en su propia necesidad de estar con otras latinas. Naturalmente, intuyó que esta necesidad no era sólo suya. Consciente de todo lo que tenemos para darnos unas a otras, Nora desarrolló su plan para reunirnos. Descubrí que Nora vive su vida siguiendo los impulsos de su corazón. A diferencia de quienes se centran únicamente en ellas mismas, Nora sabe que la respuesta a la prosperidad y la abundancia es establecer una comunidad sólida. Y a eso es exactamentea lo que dedica su vida. Mantiene su enfoque de forma que todas nosotras podamos percibir también su visión y su experiencia con la misma claridad con la que ella lo hace. Sin temor a comprometerse a una vida impulsada por su apasionada energía, simplemente va tras su objetivo. Cuando su corazón le dice que algo merece su tiempo, su energía, su esfuerzo y sus recursos financieros, se compromete con ese fin y lo lleva hasta el final. Es eso lo que me encanta de ella.

Me conecté de inmediato con Nora. Al conocerla, pude al fin deshacerme de esos sentimientos que no acababa de rechazar, de aislamiento y diferenciación que había tenido que soportar toda mi vida. Sabía que había encontrado un alma gemela. Y, a través de su espíritu, pude reivindicar el mío. Le pregunté a Nora cómo podía empezar a recrear en California lo que ella había hecho en Texas y, poco después, tuvimos nuestros propios comadrazgos en el sur de California que más tarde se extendieron a otras áreas de la Costa Occidental y más allá. Se difundía el rumor de que al participar en un comadrazgo, somos libres de hablar de nosotras, pedir lo que necesitamos, desarrollar estrategias o compartir nuestras frustraciones, aspiraciones y ambiciones. Cuando nos unimos, sentimos nuestro poder.

Como lo dijera Yolanda Hernández, miembro del grupo de las comadres: "Las comadres han sido el pilar de mi fuerza en los momentos más deprimentes, mi ventana de oportunidad para lograr conexiones sorprendentes y mi línea de vida para formar amistades de por vida. Durante los últimos siete años, he sido llevada en brazos, comprendida, energizada, inspirada, limpiada; y he llorado, reído, abrazado, cantado, bailado, comprado y orado con mi grupo de Las Comadres. Sin la compañía y la fuerza de este grupo, no habría podido sobrevivir a mi lucha contra el cáncer, a la pérdida de mi madre que muriera de cáncer pulmonar, a la pérdida de mi hermano debida al alcohol y al SIDA. No me habría animado a volver a estudiar. No habría conocido tantas latinas admirables que me han dejado sorprendida con sus talentos y sabiduría. Ante todo, nunca me he sentido sola y nunca antes me había sentido tan empoderada como me siento hoy".

La experiencia de Yolanda no es única. Muchas latinas encuentran una inspiración similar en los grupos de comadres que comenzaron con la visión de Nora. Debido a estos profundos sentimientos que experimentamos cuando nos reunimos, me siento obligada a crear programas innovadores y a ofrecer recursos que puedan ayudar a más mujeres. Pero el proceso de ocuparse de cada proyecto hasta su terminación no siempre es fácil. A veces me comprometo a más de lo que una mujer puede realizar, o me siento frustrada de no poder manejar cinco crisis a la vez. Siempre que dudo de mi capacidad de lograr terminar con éxito mis planes, lo único que tengo que hacer es pensar en Nora y en Las Comadres. Veo sus rostros, siento sus sonrisas y su apoyo y sigo adelante. No importa que no pueda estar con ellas cara a cara, porque Las Comadres están siempre conmigo en espíritu.

Cuando entré a la primera reunión, me sentí como en casa. Lo que más me satisfizo de convertirme en una comadre, con mujeres tan maravillosas fue el hecho de que podíamos ofrecer generosamente nuestra colaboración sin ningún sentido de rivalidad ni *chismografía*, sino más bien con un espíritu de camaradería y amor. Hay un sentido de hermandad basado en la estructura horizontal de esta organización, que no necesita competir para elecciones o cargos de poder, debido a que éstos no existen.

Pude experimentar una sensación de familiaridad, aunque nunca había visto a ninguna de estas mujeres con quienes estaba ahora intercambiando historias y experiencias. Nos encontrábamos allí para constituir nuestra comunidad, y estábamos felices y entusiasmadas de ser parte de esta nueva organización de comadres, una aventura de corazón a corazón. Supimos que cada una de nosotras se había sentido "diferente" en una u otra forma, que en algún momento de nuestras vidas, habíamos sentido que no pertenecíamos, que estábamos marginadas de la sociedad, a veces nos sentimos confundidas por no saber cuál era nuestra función dentro de nuestras comunidades.

No cabe duda de que las mujeres y los hombres reaccionan de una forma diferente cuando requieren apoyo emocional. La mayoría del tiempo, las mujeres no piden orientación ni instrucciones. Las mujeres quieren ser escuchadas y, cuando nos escuchan, podemos sacar nuestras propias conclusiones. Al conectarnos unas con otras, tenemos una auténtica amistad de nuestra parte —algo esencial en la vida de toda mujer. Todos los seres humanos son animales sociales; todos necesitamos amigos para apoyo social. Como latinas, esto es especialmente cierto. Suele decirse que no elegimos a nuestra familia pero sí elegimos a nuestros amigos. Cuando las latinas decimos "mi casa es tu casa", lo decimos con toda sinceridad.

De hecho, un estudio realizado por investigadores de UCLA confirmó lo que muchas de nosotras siempre habíamos sospechado: las comadres son beneficiosas para nuestra salud. Otro estudio demostró que las personas que no tienen amigos, tienen un mayor riesgo de morir dentro de un período de seis meses. En otro estudio, se determinó que quienes tienen un mayor número de amigos durante un período de nueve años, reduce su riesgo de muerte en más de 60%.

Además, una investigación realizada por el Dr. Joseph Flaherty, de la Universidad de Illinois-Chicago, determinó que unas "redes de apoyo social sólidas evitan la depresión en las mujeres, pero no tienen efecto significativo en los hombres". Por lo tanto, las mujeres necesitan amistades enriquecedoras, aún más que los hombres. No es sólo una tendencia natural de las mujeres buscar a nuestras amigas cuando estamos pasando por una crisis, sino que es una tendencia que psicológicamente representa una ventaja.

Cuando las mujeres están rodeadas por otras mujeres que las apoyan, aumenta su esperanza. Cuando nos reunimos con otras mujeres y vemos que nuestras experiencias son similares a las de nuestras comadres, creamos un espacio sagrado en el que podemos sanar. Las mujeres que asisten a nuestras sesiones de terapia en grupo, que se recuperan de relaciones abusivas o de abuso sexual, han hablado de la gran diferencia de saber que no están solas. Y cuando las mujeres que están en relaciones de abuso se reúnen en un grupo de apoyo, generalmente encuentran más fácilmente la forma de poner fin a esas relaciones.

A medida que seguí conectándome con comadres por todos los Estados Unidos, la visión de Nora siguió expandiéndose. Soñaba con llevar la idea de Las Comadres Para Las Américas a nivel internacional y al poco tiempo un grupo de ocho comadres en el que estábamos Nora y yo nos reunimos en la casa de Lucy Muñoz en Londres. Muchas de las latinas que conocimos en esa reunión residían allí de forma transitoria o con permisos de trabajo, o estaban allí para otros propósitos comerciales. Otras estaban allí porque sus esposos o sus parejas se lo pidieron. Su sensación de distanciamiento era intensa y el reunirse en un comadrazgo íntimo fue como encontrar a hermanas que no habían visto en mucho tiempo.

Siempre que se reúnen las comadres, expresan la misma sensación de felicidad que sentí yo la primera vez que asistí a un comadrazo, y que sigo sintiendo en cada uno de los comadrazos a los que asisto. Rodeadas de mujeres dispuestas a apoyarnos, nuestras vidas se hacen más fáciles y más amables. Como latinas, somos muy afortunadas, no sólo tenemos amigas, tenemos comadres-mujeres con las que podemos disfrutar relaciones mutuamente benéficas, mujeres que consideramos como miembros de una familia espiritual u honoraria. Cuando nos convertimos en comadres, cada una adopta el papel de una mujer que se preocupa y cuida y protege y desarrolla los sueños y proyectos de las demás. Además, las comadres adoptan el papel de hermanas, aliadas, tías, consejeras, primas, mentoras, defensoras, confidentes y mucho más.

El futuro de nuestra comunidad depende de la sabiduría de nuestras mujeres. No sólo estamos a cargo de nuestras familias sino que somos responsables del bienestar de las generaciones futuras. Compartimos la responsabilidad de cuidar de nuestros hijos y de su educación, de nuestras comunidades y de ofrecer mejores oportunidades para todas. Ninguna de nosotras tiene porqué sentirse como una extraña. Adondequiera que viaje, encuentro comadres y siempre hay alguien que acaba de oír de nosotras y quiere curarse de esa desagradable sensación de aislamiento.

Tenemos el poder de influir en el cambio social. A medida que seguimos apoyando a nuestras comadres, un número mayor de latinas busca educación superior, formas de abrir sus propios negocios, de involucrarse en investigación científica, de sobresalir en la academia y en las artes, de ocupar cargos públicos y forjar un futuro que refleje nuestra sabiduría, nuestra pasión y nuestros valores. Tenemos aún mucho camino por recorrer, pero nuestros corazones están dispuestos a recorrerlo. Y como comadres, estamos haciendo que esto sea posible. Lo estamos haciendo unidas.

COMPADRES

Luis Alberto Urrea

El amor es el color que aparece cuando la desesperanza se incendia.

Mi comadre vive en la cima de una montaña en Tijuana, en la que solía ser la casa del basurero municipal de Tijuana. Los "pepenadores", como los llaman en México, se apoderaron del basurero en una especie de movimiento de Ocupación Basura, y se instalaron allí. Se llaman "paracaidistas", en México. Y la ley dispone que si una comunidad de invasores coloniza un vecindario y permanece allí el tiempo suficiente, contarán con cierto margen en las normas legales para reclamar derecho sobre la tierra que seguramente prosperará. Si logran presionar a la municipalidad a que les suministre cualquier servicio —agua, electricidad— entonces al barrio generalmente es reconocido por el gobierno. En este caso, tomaron las partes más escarpadas del botadero, donde los más pobres de los recicladores establecieron sus campamentos y construyeron pequeñas casas e instalaron mangueras de jardín desde el tanque de agua en la cima de la montaña para sacar agua de forma ilegal; luego consiguieron que Tijuana instalara algunos postes de alumbrado eléctrico para que sus jóvenes mujeres pudieran llegar a casa en los buses burra en la noche, sin peligro.

Helo ahí: surgió un nuevo barrio, literalmente, de las cenizas.

No ha sido, ni mucho menos, un lugar agradable donde vivir, aunque es su tierra. Todos se conocen entre sí. Hay allí buenas fiestas; después de todo, es el antiguo botadero. Si alguien desea una fiesta, bota la casa por la ventana, y si desea luz, prende fuego a una pila de leña en la mitad de su calle. Como dice mi comadre, "En los Estados Unidos, no saben cómo hacer fiestas. No se pueden encender hogueras en las calles de San Diego. Mejor me quedo aquí en mi tierra".

Ha habido largas épocas de guerra de pandillas entre este barrio y el que está más abajo. Machetazos y puñaladas, después balas. Ha habido problemas de salud; es fácil de imaginarlo si se vive en una casa hecha de viejos cajones de madera construida sobre treinta años de basura maloliente. Cuando llueve, como lo he descrito en mis libros anteriores, a veces salen del suelo pequeñas erupciones como géisers de gas metano. A veces hay quienes hunden minas de basura en el terreno para ver qué fósiles de tesoros hay en el subsuelo. Se puede encontrar comida enlatada, en estas estrechas fosas. Juguetes, platos, abrigos, abortos naturales, cáncer, ceguera; todos los subproductos tóxicos del subrepticio deslave industrial del botadero se filtran por entre las casas y calles del barrio. En una oportunidad, las clínicas de aborto de la ciudad descargaron tejido humano en el terreno no lejos de la covacha donde vive mi comadre. Y podemos imaginar lo que ocurre con quienes habitan al pie de la montaña, porque Tijuana se ha expandido hacia cañones donde nadie había pensado vivir hace veinte años, y el agua que se filtra hacia abajo desde el botadero y alimenta los pequeños arroyos café de las tierras bajas es la pesadilla de un químico.

Luego, están las drogas. Al principio, las drogas eran la

forma corriente como la pobreza se embriagaba: oler pegante, la ocasional marihuana. Pero ahora, en la era de los narcos, las cosas son más peligrosas, más complicadas.

A una milla de la casa de mi comadre, se encuentra uno de los grandes depósitos de marihuana, todavía perforado como un colador por el fuego de las ametralladoras después de que el ejército mexicano masacrara a los narcos que se encontraban en su interior. Y a acerca de un cuarto de milla de esta embrujada construcción, está el puente de donde, con lazos, se colgaron los cuerpos torturados y desnudos de los narcos. Unos hombres secuestraron a una de las hijas de mi comadre durante una semana, y nadie habla de lo que le ocurrió a ella en la casa de esos hombres. Yo estaba lejos y no pude ayudarles. El problema de tener una familia extensa en situaciones semejantes —como muchas familias latinas lo saben— es que aquí, en Disneylandia, sólo oímos estas terribles historias después de que han ocurrido.

Mi comadre es una ruda: lo puede dominar sólo con sus manos. Una vez le dio una muenda a una morra cuando tenía nueve meses de embarazo. Mató a un pitbull con una llave inglesa después de que el animal mordió a mi ahijada. Tiene en sus brazos tatuajes que ella misma se ha hecho. Nos queremos mucho.

Y siempre estoy feliz cuando estoy en su barrio, aunque a veces llegan hombres misteriosos en SUV y me preguntan mi nombre.

Llamemos al barrio Fraccionamiento Juan Rulfo. Sería imprudente llamar la atención a la ubicación real del barrio, dado el actual clima que reina al lado sur de la frontera. No se puede llegar más lejos de donde vivo, los suburbios verdes al occidente de Chicago, el *Leave It to Beaver*. Sin embargo creo que aunque nuestras vidas provienen de sistemas solares diferentes, se podría establecer una interesante correlación entre los recicladores de basura y los escritores. Después de todo, ambos dedicamos nuestros días a buscar entre los desechos para encontrar pequeñas y extrañas joyas de las que podemos sacar algo útil.

Podemos mencionar su sobrenombre sin peligro, eso creo, aunque hubo cierta evidencia de que la matanza de mujeres en Juárez podría estarse extendiendo a Juan Rulfo. Estaba preocupado porque unos hombres habían intentado llevarse a una de sus otras hijas y meterla en un camión, y los vecinos encontraron una estudiante de colegio asesinada detrás del colegio de secundaria, a mitad de la montaña entre su casa y la bodega de marihuana. Cuando se trata de familiares, conviene medir las palabras. Ahora bien, cuando se trata de escribir de mi adorada frontera, esto puede ser una decisión mortal.

Por lo que revelaré el nombre con el que siempre la conocí, aunque ya no lo usa. Creció. Y hay muchas mujeres con el mismo nombre. Y ha aparecido en mis libros sobre la frontera bajo ese nombre. Es como aún la recuerdo: Negra.

Pueden leer acerca de ella en mis primeros libros: *Across the Wire* y *Lake of Sleeping Children*. Ha salido en televisión, ha hablado por radio, ha aparecido en las páginas de los periódicos y en fotografías en libros (en la ardiente novela de Jack Lueders-Booth, *Inherit the Land*). Ha aparecido inclusive en NPR, en un memorable episodio de *This American Life*. Todo debido a algunas oscuras palabras que incluí en libros por lo general desconocidos. En realidad, trabajamos bajo soles diferentes, Negra y yo. Quedó perpleja e iracunda por haber ganado en una oportunidad seiscientos dólares por hablar ante una convención de periodistas de la frontera en un hotel de Tijuana.

—Un momento —dijo—. ¿Desde cuándo pagan dinero por *hablar?*

No los voy a cansar con viejas historias de cómo nos conocimos, fuera de darles un breve esbozo. Pero sí quisiera referirme a la situación de amistad entre nosotros. Quisiera hablar del fuerte vínculo que con frecuencia se estira e inclusive se desgarra, pero nunca por culpa nuestra. Los eventos y el desarrollo de la historia a veces nos separan durante años.

Pero el vínculo resiste.

Es posible que los hombres y las mujeres formen amistades profundas, eso creo. Es necesario. Siento deseos de tirarle una piedra a la pantalla de mi televisión cada vez que un personaje femenino exitoso en un programa de televisión popular tiene que dormir con su A) médico tratante, B) socio principal de una firma de abogados, C) el muchacho que juega billar, D) David Duchovny. Fui criado por mujeres y las mujeres siempre han sido mis mejores amigas. Incluyendo mí esposa. Algo que podría ser más difícil que una verdadera amistad pienso que pueda ser un compadrazgo a través de la terrible brecha de la pobreza y la desesperanza. El hambre de Negra nos declara convictos en cada comida.

Yo me consuelo con un viejo dicho de Bono: "No puedo cambiar el mundo, pero puedo cambiar el mundo en mí".

A través de los años he ayudado a mi comadre, pero ella es quien me ha bendecido.

• • •

Versión corta: trabajé en una brigada de lo que las notas bio-
gráficas de mis editores llaman "trabajadores de auxilio". Pseu-
domisioneros, aceptémoslo. Una organización cristiana que
llevaba alimentos, ropa, medicina, agua, duchas portátiles, juguetes, champús, donas, esperanza, recreación y, sí, predicación
a los pobres de Tijuana. No había encontrado un trabajo fijo
después de salir de la universidad y, aunque este trabajo no era
tan interesante como, por ejemplo, trabajar de extra en una película de Chuck Norris (sí, soy MALO), era abrumador y significativo y transformador. Uno de los sitios en los que trabajamos
fue en el basurero de Tijuana. Los estudiantes que asisten a mis
frecuentes charlas como visitante en las universidades podrán
decir que estoy muy orgulloso de ser el único autor en cualquier
lista que se haya iniciado en el basurero de Tijuana.

Negra era una pequeña niña cuando la conocí. Tenía seis
años. Yo estaba en los primeros años de mi tercera década de
la vida. Me enseñó a escoger basura, lo cual es una verdadera
habilidad. Es algo que hay que aprender con un profesional para
saber cómo hacerlo. El simple hecho de dominar el largo palo
que se utiliza para buscar y seleccionar la basura y matar las
ratas rabiosas es un talento estilo samurái que hay que aprender.
Yo era pobre y me autocompadecía por serlo; sin embargo, la
vida de negra me tomó por sorpresa. De pronto vi lo que significaba "ser pobre". Yo no lo era. Yo tenía zapatos.

Circunstancias extremadamente difíciles hicieron que, a
los doce años, se fuera a vivir en unión libre con mi compadre
Jaime. Esto ocurrió durante una de nuestras largas separaciones.

El hecho es que tuve que irme del basurero a enseñar Redacción de Textos Informativos en Harvard. ¿Cómo ocurrió eso? Aún no estoy seguro. Cuando me fui, era un muchacho que tuvo que ver un mapa dibujado en la tierra para entender adónde me iba. Usaba pulseras de chola de caucho negro y me puso una en la muñeca para que las *rucas* de Harvard supieran a quién pertenecía. La usé hasta que se pudrió.

Volví a casa años después y la encontré. No fue fácil. No sabía escribir y no tenía una dirección urbana adonde pudiera enviarle una carta. No había ni para qué pensar en la posibilidad de llamarla por teléfono. Por lo que encontrarla fue una especie de milagro, no muy diferente de lo que pasó con Harvard. Ella y Jaime estaban viviendo en un gallinero. Ella estaba embarazada. Había intentado suicidarse.

—Me tomé un frasco de píldoras para dormir —me dijo—. Lo único que pasó fue que dormí realmente bien.

¿Es malo que hayamos reído hasta las lágrimas cuando me contó esto?

Logramos reunir algunos fondos para que tuviera a su bebé en una clínica del centro de la ciudad. Gracias a Dios por los amigos ricos y generosos con mucho dinero heredado y asediados por Amnistía Internacional. Esa bebé se convirtió en mi ahijada. La Honis, lo más cercano a "Honey" que pudieron llegar.

Me apresuré a entrar en modalidad de rescate: ¡iba a ser compadre de Jaime y de Negra! Y no permitiría que esta familia pasara el invierno en un frío gallinero ¡con escorpiones, tarántulas y viudas negras por todas partes! De ninguna manera, compa. Por consiguiente, recluté a un amigo ciclista que, de alguna forma, consiguió un enorme camión de plataforma en alguna iglesia, y

recogimos puertas viejas de garaje de una compañía que rempla-
zaba puertas de garaje en San Diego, luego fuimos a enfrentarnos
con los recalcitrantes y furiosos policías mexicanos de frontera
que buscaban de nosotros una jugosa mordida por permitirnos
entrar ilegalmente tanta madera. Era como una película de Mickey
Rooney en español. ¡Órale muchachos! ¡A construir una casa!

Todos los vecinos ayudaron a llevar las pesadas puertas
sobre sus hombros. Trajimos dos cargas. Fue el fenómeno del
barrio. Habría podido imprimir tarjetas profesionales que dije-
ran, PROFESIÓN: HÉROE. Jaime y los muchachos que vivían
en su casa sacaron martillos y destornilladores y serruchos y
consiguieron encerado y un par de ventanas posiblemente roba-
das y se pusieron a trabajar con ruidosos gritos para coordinar
esfuerzos, groserías y risas. Carajo, fue lindo.

Mi madre había muerto, razón por la cual regresé de Boston.
Entré de contrabando su nevera y se la di, su primera nevera.
Les llevé su televisión y le llevé a Negra la colección de libros
de arte de mi madre porque a Negra le encantaban las cosas lindas, aún en el basurero. Ahora, de buenas a primeras, podíamos
beber refrescos fríos y ver libros de Monet, Cézanne, Van Gogh
y Seurat. Imaginen la escena en una casa construida con puertas
de garaje en la mitad de un basurero, mirando pinturas impresio-
nistas mientras tomábamos Coca-Cola mexicana en vasos plásti-
cos sacados del basurero. Tal vez el único artista capaz de captar
la naturaleza extraña de esta escena habría sido Salvador Dalí.

De pronto, llegó el día del bautizo.

En los días anteriores al bautizo de la Honis, Negra me llevó
en un tour por los puntos cardinales de su viaje. Esta era la choza
en la que su hermano menor había muerto quemado en su cuna.

Este era el sitio donde Jaime le había construido una cabaña. Esta fue la esquina donde agarró a la morra de boca grande y le mostró lo que era una patada en el trasero dada por una mujer embarazada. Al otro lado de la ciudad, en el nuevo basurero, me mostró un lugar terrible. Tan espantoso que ni siquiera sentí repulsión ni horror. Me quedé ahí parado tocando los restos con mis dedos y pensé, *qué extraño e interesante*.

Su tío había vivido en una covacha con paredes de aluminio contra el borde de un acantilado de tierra que pronto quedaría enterrado bajo la creciente montaña de basura del nuevo sitio. Si en ese momento hubiera tenido más clarividencia, habría sabido que, lo que mis amigos conservadores consideraban la principal amenaza —LA INMIGRACIÓN (clave en la orquestación de películas de terror)— ya estaba en camino de ser superada y aniquilada por la guerra de los narcos. Las señales ya eran visibles en el terreno, aún entonces. Y, de alguna forma, el tío de Negra había sido señalado como participante en algún tipo de juego de drogas: unos hombres malos vinieron a buscarlo para robarle la cocaína que pensaban que tenía en su choza de aluminio. Él se refugió adentro y se negó a dejarlos entrar. Entonces, apilaron maleza y matorrales alrededor de la choza, le rociaron gasolina y la prendieron. Lo asaron hasta que murió.

No hay forma de describir esto en términos más benignos o más elegantes. No es bonito. Pero está profundamente arraigado en el centro de la lucha de mi comadre.

—Lo derritieron —dijo—. Aquí había grasa y huesos.

Tal vez puedan entender mi incapacidad de procesar esta información. Mi pequeña comadre, mi Negra, sosteniendo mi mano mientras sus niñas jugaban alrededor de nosotros, diciéndome que el cuerpo de su tío había sido *procesado mientras estaba vivo*. Lo dijo en un tono de voz que podría utilizarse para decir, "Hoy está lloviendo".

Pero, para enfatizar lo que quería decir, metió la mano en el hueco forrado en ladrillo donde antes estuviera su horno de leña. Un trozo de tapete verde, de un viejo tapete de baño, estaba impregnado de grasa coagulada. Parecía manteca para cocinar derramada.

—Este es mi tío —dijo.

Hace poco di una charla en la Universidad de Illinois en Champaign. De alguna forma habían obligado a trescientos estudiantes de primer año a leer una de mis novelas que se refiere al negocio de las drogas. Durante la cena, pregunté a los estudiantes de qué querían que les hablara. Una joven dijo:

—Lo único que le pido es que no nos siga deprimiendo más hablándonos de gente muerta.

Afortunadamente, la gracia nos cae a todos. Aún cuando no nos demos cuenta. Aún en el basurero.

El día del bautizo fue un día soleado y hermoso. La iglesia del basurero había sido construida por las personas de la localidad con restos de madera. Habían hecho unas bancas burdas. No tenían sacerdote, pero tenían a un padre joven que hacía el circuito y la ronda heroica de Tijuana y los alrededores y programaban sus misas y celebraciones de acuerdo con su horario. Él llegó y le informaron que había un bautizo, trajo sus ornamentos y le di algunos billetes, y la gente tocó la campana de la iglesia. Bueno, en realidad no fue así. No había campana. Pero habían colgado el eje de un auto con una cadena fuera de la iglesia, y uno de los amigos de Jaime la golpeó fuerte con una palanca.

Ahí estaba. Esa buena gente, de color gris, sucia, maloliente, trabajadora, de la cual la mayoría de sus atacantes de los medios saldrían huyendo aterrados. Con nudillos sangrantes, pelados. Aún con piojos. Oliendo a sudor y enfermedad y malos años. Todos en ese recinto iluminado de alegría. Todos los que allí se encontraban, considerados sucios, irrespetados, olvidados y maldecidos. Como si el mismo Jesús estuviera a punto de entrar a un banquete en Canaan. Todos allí, santos.

Sin embargo, la Honis actuó como si tuviera el diablo adentro cuando se dio cuenta de que este extraño gringo en ornamentos blancos estaba a punto de derramar agua sobre su cabeza.

Me fui de nuevo. Tenía una vida que llevar, libros que escribir, tenía mis propios errores y mi mal mojo que enfrentar. Pero esta vez la dejé con su primera cuenta bancaria. Los banqueros no querían que entrara cuando fuimos al centro de la ciudad —tenía sus mejores sandalias de brillante lamé dorado. Nos detuvieron en la puerta, esta extraña pareja: la pequeña mujer indígena (tarascana) y el alto y tonto hombre hispano, con apariencia de irlandés, con una bebé en brazos. ¿Qué pensarían?

El gerente del banco, un pequeño y antipático bastardo en un apretado vestido y con pelo decolorado nos detuvo y dijo que Negra no podía entrar. Yo sí podía. Pero, en realidad, ¿qué estábamos pensando al traer una persona como ella al banco? Yo le abaniqué en la cara $1.200 en billetes de veinte dólares americanos y le dije:

—Esto es de ella, ¿ahora puede entrar?

Ah, las venias; ah, los modales.

Yo también tenía Western Union, esa columna vertebral de la ola de remesas de dinero que invadía México. "La Western", la llamaban. Negra me llamaría por cobrar desde un teléfono público cerca de la pequeña bodega en Juan Rulfo y me diría cuánto necesitaba.

Cuando volví, lo hice porque la National Public Radio quería que yo la encontrara. Me seguía a todas partes un productor con un micrófono y una grabadora. De nuevo era una situación surrealista. Y esta fue la época en la que la Negra ganó sus imposibles seiscientos dólares por hablar.

Nos alojaron en el Camino Real, un hotel estilo Ritz. Desde cualquier punto de vista, un hotel muy elegante. Negra estaba demasiado asustada de la gente rica como para ir sola, por lo que se llevó a su hija mayor, Nayeli. Se arreglaron con sus mejores vestidos, y llegamos al hotel, y se quedaron paralizadas al ver la escalera eléctrica. Jamás habían utilizado una.

A medida que fuimos subiendo y aparecieron las grandes paredes de mármol y las lámparas del techo, Negra se giró a mirarme y dijo:

—Yo no pertenezco aquí, compadre.

—¿Por qué no?

—Somos pobres.

—La única diferencia entre ustedes y estos cabrones es que ellos tienen plata —le respondí.

Entramos al espacioso lobby y allí, para sorpresa de Negra y Nayeli, se encontraban sentados varios actores de telenovela. Uno de ellos, con pelo plateado, leía una revista y las dos dijeron admiradas:

—¡Es Don _____!

—Vayan a saludarlo —les sugerí.

—¡No podemos!

—Vayan. Le encantará.

—¡Ay, Luis!

Fue una agonía de inseguridad en ellas mismas, pero fueron. Y él les regaló su blanca sonrisa de mil millones de vatios, como si fueran distinguidas damas de Hollywood. Les firmó autógrafos.

La joven que estaba en la recepción, entrenada para utilizar sus mejores modales, las llamó "Señora" y "Señorita". Subimos a su habitación y me pregunté cómo les parecería. El hotel Camino Real filtraba toda el agua del sistema de cañería del hotel para que los turistas pudieran beberla y bañarse con seguridad. Entramos a su habitación y sucedieron dos cosas de inmediato: Negra fue a las camas y palpó los colchones, mientras que Nayeli fue directo al baño y abrió el chorro de la tina para ver cómo se derramaba. Lo que pasó después fue que Nayeli, dejándose caer sobre la cama, preguntó:

—Luis, ¿cómo hacemos para ver MTV?

Tenían hambre. Les mostré el menú del servicio a la habitación. Tenían fotografías de los platos que servían.

—Pero no tenemos dinero.

—Sus anfitriones pagarán.

Nayeli encontró pizzas. Las llamaba "piksas". Le indiqué el número al que debía llamar y fui a mi cuarto que quedaba al lado del de ellas. Unos minutos después, sonó mi teléfono. Era Nayeli.

—¿Qué número marco para pedir helado? —preguntó.

Sólo se requirió una noche de que la llamaran "Señora", de pedir servicio a la habitación y de darse un largo baño de tina con burbujas mientras que MTV sonaba a todo volumen en la habitación, para que mi comadre se transformara por completo. ¿El basurero? Nunca existió. ¿Ser humilde, estar asustada? Eso no era para ella. Se despertó altiva. Se despertó importante y hecha cargo de la situación.

Bajamos al restaurante y devolvió tres platos de comida diferentes.

—Mal cocinado —le dijo a la mesera.

Después del desayuno, no quería permitirme dejar una propina.

—Este lugar —anunció, señalándolo con la mano como una gran dama—, no me impresiona.

No podemos salvar a los amigos o a nuestros seres queridos lanzándoles dinero. Simplemente no podemos hacerlo. Hay que encontrar la forma de hacer que sus sueños se conviertan en realidad. En el caso de Negra, siempre se trató de independencia y de la seguridad de sus hijas. Se alejó de Jaime en una forma muy similar a una telenovela, por malas amigas, ese tipo de cosas. Y estaba de nuevo recogiendo basura, contra su voluntad. También estaba haciendo trabajar mucho La Western, debo admitirlo. Tuve que aprender que cuando ocurrieron las inevitables catástrofes, no era mi responsabilidad controlar lo que decidieran hacer con el dinero. Cuando, por ejemplo, fue extremadamente urgente para ellas comprar tiquetes de bus para Michoacán a fin de asistir al entierro de una tía, envié los trescientos dólares de inmediato. No nos podíamos dar ese lujo en ese momento, mi esposa y yo, pero podíamos costear ese gasto más cómodamente que mi comadre. Cuando, más tarde, admitió que no habían ido a Michoacán sino que habían comprado un vestido realmente lindo para que Nayeli pudiera ir a un baile... bien. Me di cuenta de que el dinero para ellas era mágico, era algo que realmente no tenía sentido. Y, a decir verdad, ¿por qué no un vestido? Siempre había querido que disfrutaran la belleza, no que se conformaran simplemente con sobrevivir.

Negra fue quien me dio la solución. Me enseñó a confiar en el proceso de la vida y la amistad. Negra se daba cuenta de que tenía un sueño. Este era un gran acontecimiento porque habíamos experimentado juntos un momento profundamente incómodo con base en este término, "sueño".

Ingenuamente, en mi inexperiencia de autor joven, le pregunté en una oportunidad:

—¿Cuál es tu mayor sueño?

—¿Qué?

—Tu sueño. ¿Con qué sueñas?

—No comprendo.

—Tu sueño. Tu sueño. Para el futuro.

—¿Qué sueño?

—¡Negra! ¿Con qué sueñas para el mañana? ¿Qué esperas para el futuro?

Me miró indefensa y dijo:

—Sinceramente no entiendo de qué hablas.

Pero tal vez ese momento incómodo dejo sembrada una semilla. Nunca se sabe. Un día me llamó por cobrar y me dijo que ahora tenía un sueño para el futuro. Le pregunté cuál era.

—Un salón de belleza.

Sofoqué una carcajada.

—Quiero ser estilista para las señoras del basurero. ¡Todas quieren verse lindas compadre!

Además, quería vender maquillaje. Quería ser la dama de la Avon del basurero vendiendo "lip-estick" a las señoras.

Mi respuesta fue algo así como:

—Yo, yo, yo, yo…

Pero había hecho la investigación de mercado. Había elaborado una lista de lo que quería. Sombras, mascara y lápiz labial, extrañas máquinas para cortar el pelo, peinillas, spritzers y dinero para alquilar un cobertizo. Jamás en mi vida había oído un plan como este. Aún en mis novelas, un lugar como una estilista con un salón de belleza en un basurero habría sido imposible. ¿No fue Mark Twain quien dijo algo así como: La vida tiene que tener sentido mientras que los libros que no son ficción no lo necesitan?

De repente, ya no se trataba de un regalo, sino de una inversión. A Negra no le gustaba pedir ayuda. Pero sí le gustaba pedirla cuando se trataba de hacer algo por su porvenir en la vida. Compramos todos lo que necesitaba. Tomó en alquiler la mitad de una casa de tugurio de un vecino e instaló una silla y cortó pelo e hizo permanentes y vendió lip-estick.

Amén.

En una oportunidad le pregunté a mi comadre porqué nuestras niñas nunca habían recogido basura como ella. *Oh, no. No, no.* Dijo moviendo la cabeza en señal de negación.

—Mis niñas —dijo—, jamás experimentarán lo que yo hice.

—Dime por qué.

—Estaba en el basurero un día, trabajando. Las niñas estaban a un lado, esperando en la sombra. ¿Sabes cómo, cuando estás ocupada —verdaderamente, verdaderamente ocupada— no puede detenerte por nada? El trabajo va bien, estás en plena actividad y no puedes descansar.

Yo asentí.

—Así fue. Y cuando llegan esos días, aunque tengas una piedra en el zapato, no puedes detenerte ni un momento para sacarla.

—Cierto.

—Yo tenía una piedra o un palo en mi zapato. Pero no podía parar. No paré en toda la mañana. Cuando al fin tomé un descanso, me senté, me quité el zapato para sacar la piedra. Y ¿sabes qué era?

—No.

—Un dedo de una mano.

No había nada que responder a eso. Nada.

—Ese día juré que mis hijas, jamás en sus vidas, trabajarían en el basurero como yo.

Estamos de nuevo separados. La vida se ha entrometido, como lo hará siempre. Pero tienen ahora, en Tijuana, los llamadas celulares prepagados. Mi comadre me llama a veces cuando estoy de gira con un libro. "¿Onde andas ahora, compadre?", pregunta. Siempre le da risa cuando le digo que estoy en algún sitio del que nunca ha oído hablar. "¿Seattle? ¡Ay, compadre!".

Pienso en ella todos los días, aún cuando no la puedo ver.

Y sé que ella sentirá que estoy escribiendo esta historia.

Dentro de un minuto me va a llamar.

AGRADECIMIENTOS

Comadres. ¿Cómo puedo agradecerles toda su pasión y todo su apoyo? Gracias por perseverar y por honrar nuestra cultura y por estar ahí, unas para otras. No puedo agradecerle una a una por su nombre, pero quiero que sepan que cada una de ustedes está en mi corazón. Esta antología tiene una deuda de gratitud para con las comadres que trabajaron de forma diligente para que pudiera llegar a ser una realidad: nuestra editora, Johanna Castillo; Esmeralda Santiago, nuestra vocera inicial del club del libro; Adriana V. López, nuestra editora de antologías; y Adriana Domínguez Ferrari, cuyo trabajo tras bastidores marca toda la diferencia. Un agradecimiento especial a Amy Tannenbaum y al resto del equipo de Atria, por su trabajo en este libro, así como también para los autores de la antología, porque como personas ocupadas que son, se tomaron el tiempo de hacer esto para nosotras.

Mi querida comadre Laura López Cano, a quien comisioné para que diseñara el hermoso logotipo de Las Comadres, *muchas gracias*. Laura y yo trabajamos con la comadre Sally Velázquez para hacer el Photoshop de la imagen original, y también aprecio muchísimo la generosidad y el tiempo de Sally. Mary Armesto desempeñó también un papel muy importante en la transición de la imagen original a la imagen reinventada que adorna nuestras páginas web, nuestros marcadores de libros, nuestros afiches y todo aquello a lo que nos dedicamos por completo.

La Junta Directiva de Las Comadres nos ha prestado gran apoyo durante los doce años de nuestra existencia: Annabelle Arteaga, PhD, Elizabeth García, JD, Ana Nogales, PhD, Veronica Rivera, JD, Gloria Williams e Irene Williams. Los anteriores miembros de la Junta incluyen Bibi Lobo, Nimia Ramos Beauchamp, JD y Deanna Rodríguez. Mil gracias a cada una de ustedes.

La organización Las Comadres no podría existir sin las coordinadoras que mantiene activas las redes de la ciudad. No habría una organización real sin Lourdes Abadín, Dora María Abreu, Cristina Abreu, Ofelia Allen, Aurora Anaya-Cerda, Ana Arelys Cruz, Amanda Arizola, Annabelle Arteaga, PhD, María Avelino, Cristina Ballí, Natasha Bannan, Sunny Bañuelos, Melinda Barrera, Roció Benedicto, PhD, Sylvia Benítez, Debbie Bonilla, Margie Brickey, Patricia Briotta, Gabriela Bucio, Ada Gabriela Bueno Pulliam, María Cardes, Catherine Cardoso, Gloria Casas, Camila Ceballos, Rosa Celis-Rodriguez, Loretta Charles, Denise Chávez, Janis Chávez, Frances Colon, Alejandra Cossio, Rose Costas, Lori Crouch Carmen Cruz, Silvia Cruzo, Nora Díaz, Sylvia E. Camacho, Nori Cuellar Mora, PhD, Amelia de Jesús, Lilli de Cair, Linda de la Cruz Rosalba Domínguez, Stephanie Elizondo Griest, Clara Engel, Yolanda Escandón, Fern Espino, PhD, Jocelyn Feliciano, Charley Ferrer, PhD, María Ferrer,

Amira Flores, Ariana Flores, Stella Flores, PhD, Christy García Martínez, Edna García, Vicky García, Bobbie Garza-Hernández, Susan Garretson, San Juanita Godufsky, Vickie Gómez, Adriana González, Christine González, Verónica Guerra, Yolanda Guzmán, Yolanda Hernández, Linda Hernández, Ana Hershberger, Alicia Higgins, Marcela Hincapié, Ángela Hope, Karla Jaramillo, Helen Jiménez Ulloa, Adriana Jiménez, Nancy Johnson, Margie Kensit, Demetra Koelling, Isabel Lemus, Diana León, Bibi Lobo, Adriana López, Connie López, Diana López Axthelm, Cynthia López, Raquel Lynch, Lori Maes, Lolita Mancheno-Smoak, Ángela Martin, Araceli Martínez-Rose, Érica Martínez Rose, Raquel Martínez, Sylvia G. Martínez, Yvette Mayo, Martha Medina, Jacqueline Méndez, María Angélica Mendoza, Bernice Miera, Beatriz Mieses, Nuria Miller, Clotilde Molina, Elizabeth Moncevais, Carmen Montañés, María Montenegro, Ana Morales, Ana Nogales, PhD, Ydalmi Noriega, Ginz Núñez, PhD, Virginia Ornelas, Ángeles Ortega, Jasminie Jina Ortíz, Clara Ospina, Melinda Palacio Addy Pérez Mau, Maribel Pérez Tur, Sandra Pérez, Ofelia Philo, Michele Ping, Carmen Quiles, Shelly Quintana, Elena Ramos, Nimia Ramos Beauchamp, Evelyn Reyes, Marielis Rivera, Francis Robles, Imelda Rocha, Sandra Rodríguez Barrón, María Rojo, Laura Rolandelli, Ana Cecilia Rosado, Leydon Rovelo, Sally Ruiz, Lupita Sáenz Eckoff, Ruth Sáenz, Jayni Sáenz, Rachael Saldivar, Jennifer Sánchez, Terry Saucedo, Dyannette Siaca, Patricia Sosa, Christine Soto, Rebeca Summers, Ana Sweeney, Michelle Talan, Lourdes Tinajero, Lisa Torres Stonebeck, Dora Tovar, Gloria Uribe, Josie Valdez, Laura Valdez Karam, Ángela Valdivia, BB Vásquez, Palmira Vásquez Ginsberg, Kathy Vega,

Melody Vela, Josie Valdez, Diana Velásquez, Myrna Vélez, Gloria Williams y Alejandra Zavala.

Somos extremadamente afortunadas de tener nuestro club del libro. Gracias a la Asociación de Editores Americanos, en especial a Tina Jordan, Marlene Scheuermann y Becca Worthington, los editores que comparten sus libros y los coordinadores y líderes de discusiones de nuestro club de libros, devotos lectores, dispuestos a compartir. Gracias por convertir este sueño en realidad y mantenerlo vivo: Blanca Alvarado, PhD, María Betancourt, Luz Betancourt, Nohelia Canales, Catalina Cantú, Teresa Carbajal Ravet, Leslie Colon-Lebron, Erika Córdova, Lori Crouch, Yolanda Cuesta, Martha Curcio, Karin Dávalos, Laura De Anda, Lilli De Cair, Nora Díaz, María Ferrer, Adriana Frías, Cristina Glez Novoa, Gabriela González, Sylvia Hernández Kauffman, Demetra Koelling, Mary López, Liana López, Araceli Martínez- Rose, Linda Mazón Gutiérrez, Sylvia Mendoza, Edith Mercer, Carmenza Millan, Ydalmi Noriega, Anna Núñez, Nicole Ortiz, Pam Portillo, Cynthia Ramos, Nimia Ramos Beauchamp, Gayle Rana, Leyden Revelo, Lara Ríos, Frances Robles, Lois Rodríguez, Vanessa Rodríguez, Lissette Rodríguez, Silvia Sofía San Miguel, Jennifer Sánchez, María Solís, Rachael Torres, Nissheneyra Urizandi, Delila Vásquez, Ada Vilageliu Díaz, Stefanie Von Borstel, Anne Warman, Martha Weeks, Gloria Williams y Alma Willard.

Jack Bell, ¿cómo puedo darte las gracias? Durante doce años has trabajado codo a codo conmigo y has mantenido Las Comadres como una organización activa y en desarrollo. Las trasnochadas, las largas horas de trabajo y el apoyo financiero. No sé cómo has permanecido casado conmigo, pero Dios te bendiga.

CONTRIBUIDORES

NORA DE HOYOS COMSTOCK, PhD, es la fundadora nacional e internacional de Las Comadres Para Las Américas y ha servido como Presidente de la Organización y Directora Ejecutiva desde su fundación. Recibió su PhD de la Universidad de Texas en Austin en administración educativa y fue becaria del National Hispana Leadership Institute en Washington, D.C. En 2006, la Dra. Comstock recibió un premio por sus logros de toda una vida, por su servicio a la comunidad desde la Hispanic Professional Women's Association, y en 2007 fue nombrada una de las 25 hispanas más influyentes de Austin, Texas. Recibió de Maybelline el Beauty of Education Award y recibió honores como una de las 25 mujeres del año 2011 por *Sucesos: El Periódico de la Comunidad Hispana* en Houston, Texas. Las Comadres Para Las Américas recibió el Community Leadership Award 2011 de la Universidad de Texas en Austin por el compromiso y dedicación de la organización a la promoción de la justicia social, incrementando las oportunidades de inclusión y mejorando el acceso a la educación.

CAROLINA DE ROBERTIS es autora de las novelas *Perla* y *The Invisible Mountain*, que fue bestseller internacional y se tradujo a quince idiomas, nombrado mejor libro del año por el *San Francisco Chronicle* y escogido como Excelente Lectura por *The Oprah Magazine* en 2009, y ganador del Premio Rhegium Julii de Italia. Ha traducido además varias obras de literatura latino-americana, más recientemente, *El Caso Neruda* por Roberto Ampuero. De Robertis ganó una Beca 2012 del National Endowment for the Arts. Vive en Oakland, California, con su esposa y su hijo. Visítela en www.carolinaderobertis.com.

REYNA GRANDE entró a los Estados Unidos desde México como inmigrante indocumentada, a los diez años de edad para reunirse con su padre. Luego se convirtió en el primer miembro de su familia en obtener una educación superior. Tiene un BA y un MFA en literatura creativa. Su primera novela, *Across a Hundred Mountains*, recibió El Premio Literario Aztlan 2006, un American Book Award 2007 y el Latino Books Into Movies Award 2010. Su segunda novela, *Dancing with Butterflies*, recibió el International Latino Book Award 2010. Sus memorias, *The Distance Between Us*, se publicaran en 2012 por Atria Books. Visítela en www.reynagrande.com.

STEPHANIE ELIZONDO GRIEST se ha codeado con la mafia rusa, ha pulido propaganda china y ha bailado la danza del vientre con las reinas cubanas de la rumba. Estas aventuras la inspiraron a escribir sus galardonadas memorias, *Around the Bloc: My Life in Moscow, Beijing y Havana*; *Mexican Enough: My Life Between the Borderlines*; y el libro guía *100 Places Every Woman Should Go*. Como corresponsal nacional para The Odyssey una vez condujo a través de América por una distancia de 45.000 millas en un Honda Hatchback llamado Bertha. Ganó una Beca Hodder para Princeton, un Premio Richard Margolis por escribir sobre Justicia Social y un Lowell Thomas Travel Journalism Gold Prize. Visita su sitio web en www.mexicanenough.com.

MICHELLE HERRERA MULLIGAN es editora jefe de *Cosmopolitan Latina*. Publicó y contribuyó a *Juicy Mangos*, la primera colección de literatura erótica latina en inglés, que el escritor Oscar Hijuelos, ganador del Premio Pulitzer calificara de "no sólo una lectura seductora sino también profundamente satisfactoria". En 2004, fue coeditora de *Border-Line Personalities*, una colección de ensayos sobre el encuentro de culturas y la experiencia contemporánea de ser latina. En 2006 recibió un Outstanding Contributions to Hispanic Studies Award. Michelle ha contribuido en Martha Stewart's *Whole Living*, *Time* International, *Woman's Day*, *Latina*, *House & Garden* y *Publishers Weekly*, entre otros. Vive en Nueva York y trabaja actualmente en su primera novela.

ADRIANA V. LÓPEZ es editora-fundadora de la revista *Críticas* y editó las colecciones de historias *Barcelona Noir* y *Fifteen Candles*. Los trabajos periodísticos de López se han publicado en el *New York Times* y el *Washington Post* y sus ensayos y obras de ficción se han incluido en antologías como *Border-Line Personalities, Colonize This!* y *Juicy Mangos*. Es, además, traductora de varias obras en español, la más reciente, *Esperando a Robert Capa* de Susana Fortes. Su memoria corta *El oso y el madroño* se publicó en América Latina en 2012. Miembro de PEN America, López divide su tiempo entre Nueva York y Madrid.

LORRAINE M. LÓPEZ con su primer libro, *Soy la Avon Lady*, ganó el Premio Inaugural Miguel Mármol. Su novela *Call Me Henri* recibió el Premio Paterson y su novela *The Gifted Gabaldon Sisters* fue Selección 2008 de Borders/Las Comadres. La colección de historias cortas de López *Homicide Survivors Picnic* fue finalista en 2010 para el Premio PEN/Faulkner. Editó una colección de ensayos titulada *An Angle of Vision*. Su novela *The Realm of Hungry Spirits* se publicó en 2011. Con Blas Falconer, fue coeditora de *The Other Latin@*. Enseña literatura en Vanderbilt University.

DAISY MARTÍNEZ es autora de los libros de cocina *Daisy Cooks! Latin Flavors That Will Rock Your World*, que fue nominado a la IACP y ganador del Mejor Libro de Cocina Latino durante los Premios del Gourmand World Cookbook, *Daisy: Morning, Noon and Night*, y *Daisy's Holiday Cooking: Delicious Latin Recipes for Effortless Entertaining*. En 2005, inició un programa de cocina con el nombre de *Daisy Cooks!* en la PBS. A medida que la estrella de Daisy fue ascendiendo, conoció a la icónica Rachael Ray y este encuentro casual llevó a la producción de *Viva Daisy!* de Watch Entertainment, la compañía productora de Ray, que se presentó por primera vez en la Food Network en 2009. El programa más reciente de Daisy sigue su enfoque en celebrar la vida y la familia a través de la comida a la vez que demuestra su conocimiento del amplio espectro de la cocina latina. Además de su programa de televisión, Daisy es también columnista continua de *Every Day with Rachael Ray*. Dedicada madre de cuatro maravillosos hijos, Daisy y su familia residen en Brooklyn, Nueva York.

ANA NOGALES, PhD, es una psicóloga clínica fundadora de Nogales Psychological Counseling, Inc., y directora clínica de la organización sin ánimo de lucro Casa de la Familia, que estableció para atender víctimas de violación, asalto sexual, abuso infantil sexual y físico, tráfico de personas y violencia doméstica. Recientemente publicó el primer número de su revista *Doctora Ana: Salud, Psicologia & Vida*. Ha escrito cuatro libros: *Latina Power: Using Your 7 Strengths to Say No to Abusive Relationships, Parents Who Cheat: How Children and Adults Are Affected When Their Parents Are Unfaithful, Latina Power! Using Your 7 Strengths to Create the Success You Deserve* y *Dr. Ana Nogales' Book of Love, Sex, and Relationships*. La Dra. Nogales es además una reconocida psicóloga de radio y televisión al igual que una de las redactoras de PsychologyToday.com y otros blogs y periódicos.

SOFIA QUINTERO nació y creció en una familia de clase obrera puertorriqueña y dominicana, en el Bronx. Después de graduarse de Columbia University y de haberse iniciado en el campo de la política pública, ha publicado cinco novelas y está escribiendo otra, entre ellas, su primera novela, que data de sus primeros años de vida adulta, *Efrain's Secret*. Fue cofundadora de Chica Luna Productions, una empresa sin ánimo de lucro que obtuvo un Union Square Award por su trabajo en la promoción de la próxima generación de mujeres de color cineastas. Sofía es también productora y creadora de HomeGirl.TV, una red social y sitio web de series y es miembro permanente de la clase inaugural de TV Writers Studio en Long Island University. Cuando no está ocupada en la producción de *Sangria Street* con Elisha Miranda, la muchacha casera, autonombrada Ivy League está adaptando su novela *Burn* (que escribió con el título de Black Artemis) como serie de televisión.

TERESA RODRÍGUEZ es copresentadora de la galardonada revista semanal de noticias *Aquí y Ahora*, en horario A de Univisión y ha recibido once premios Emmy por su sobresaliente trabajo en especiales de televisión, informes investigativos y presentaciones especiales. Su informe investigativo de diez años sobre las aterradoras violaciones y asesinatos de más de 450 mujeres mexicanas en Ciudad Juárez, México, fue publicado por Atria Books tanto en español como en inglés, bajo el título de *Las hijas de Juárez: Una auténtico relato de asesinatos en serie al sur de la frontera*, que pronto ingresó a las listas de bestsellers.

ESMERALDA SANTIAGO ha escrito tres libros de memorias: *When I Was Puerto Rican*, *Almost a Woman* y *The Turkish Lover*, y dos novelas *America's Dream* y *Conquistadora*. Santiago fue la vocera inicial del Las Comadres and Friends National Latino Bookclub.

FABIOLA SANTIAGO es una periodista galardonada del *Miami Herald* y columnista Metro, es autora de la novela *Siem-*

pre París. Esta historia, que tiene como fondo la cultura y la historia cubana de Miami, tiene como protagonista una mujer que cambia de perfume cada vez que cambia de amante, y su viaje para reconciliar la pérdida de familia y nacionalidad. Publicado por Atria Books de Simon & Schuster en dos idiomas (*Reclaiming Paris* en inglés) y elegida para un Mariposa Award como Mejor Primer Libro en los International Latino Book Awards, la novela ha sido un éxito de librería en Noruega, donde fue traducida bajo el título de *Habanita*. Puedes encontrar más información en www.reclaimingparis.com y en su sitio web www.fabiolasantiago.com.

LUIS ALBERTO URREA, finalista del Premio Pulitzer 2005 en la categoría del género de no ficción y miembro del Hall de la Fama de Literatura Latina, es un prolífico y aclamado escritor que utiliza sus experiencias de una vida de cultura dual para explorar temas más grandiosos de amor, pérdida y triunfo. Nacido en Tijuana, México, de padre mexicano y madre americana, Urrea ha publicado extensamente en todos los principales géneros. Aclamado por la crítica y autor de catorce libros que han llegado a la lista de los más vendidos, Urrea ha ganado numerosos premios de poesía, ficción y ensayos. *The Devil's Highway*, su relato de 2004, sobre un hecho real de un grupo de inmigrantes mexicanos perdidos en el desierto de Arizona, ganó el Lannan Literary Award y fue finalista para el Premio Pulitzer y el Premio Kiriyama de la costa Pacífica. Urrea estudió en la Universidad de California en San Diego y obtuvo un título de pregrado en literatura, e hizo sus estudios de postgrado en la Universidad de Colorado en Boulder.

LA HISTORIA DE LAS COMADRES PARA LAS AMÉRICAS

¿Qué pasó con la organización internacional de cerca de 15.000 mujeres, que surgió de una reunión informal de profesionales latinas en abril del año 2000? Elizabeth García y Veronica Rivera fueron las anfitrionas de la primera reunión de Las Comadres en Austin, Texas, a la que tuve la fortuna de asistir. Durante mi vida adulta, lejos de mi familia y de mis amigos, mis raíces fueron desapareciendo y me encontré peligrosamente próxima a perder mi identidad. Supe que no quería que esto ocurriera. Por eso quise crear una organización que pudiera ser considerada como un hogar por mujeres que, como yo, querían conectarse con otras latinas que pensaran de la misma forma. Como fundadora nacional e internacional de Las Comadres Paras Las Americas®, he trabajado durante doce años en la construcción de una hermandad multigeneracional, multirracial, en la que las latinas pueden aprender todo sobre su cultura y celebrarla mientras comparten conexiones profesionales, educacionales y sociales. Nuestros comadrazos®, que se realizan en distintas ciudades de todos los Estados Unidos, están abiertas para cualquiera que desee establecer una comunidad. Y cuando no nos podemos reunir cara a cara, podemos estar al día en cuanto a oportunidades y actividades locales a través de nuestro servicio de correo electrónico diario.

Mis ancestros son méxico-americanos y nací y me crié en los Estados Unidos, como una cuarta generación tejana. Aunque de niña hablaba español, cuando entré al colegio, el inglés se convirtió en mi idioma dominante dado que la mayoría de mis amigos eran de origen no latino. Esto no ocurrió por elección. Pero debido a que desconocía mi historia, me resultaba muy difícil sentirme arraigada. Pensé que esta sensación era únicamente mía, pero pronto me di cuenta de que muchos de los latinos de los Estados Unidos sienten este deseo de contar con una comunidad y una proximidad a su cultura latina, como forma de preservar y celebrar nuestra identidad y nuestro origen. Cuando era joven, también creí que quería una familia numerosa, pero después del nacimiento de mis mellizos, a quienes amo tanto ¡decidí que ya no la quería! Los hijos implican una gran cantidad de trabajo y una enorme responsabilidad. Sin embargo, seguía deseando una comunidad. Después de nacer en una familia que eventualmente produciría diez hijos, cuando salí del hospital me entregaron a los amorosos brazos de mi tía y mi tío quienes me criaron. A ellos les debo mi éxito. Sin embargo, tengo la firme convicción de que haber sido hija única hasta los diez años, cuando mi primo David fue adoptado como miembro de la familia, fue lo que hizo que tuviera una abrumadora necesidad de estar con otros.

Como exitosas abogadas, ni Elizabeth ni Veronica tenían tiempo para mantener un grupo no muy cohesivo, que en ese entonces requería papel, máquinas de escribir y estampillas para que todos estuvieran conectados entre los comadrazos. Vi el potencial de ampliarnos y apliqué mi amor por la tecnología y mi experiencia en computadoras para transformar Las Comadres en la organización internacional que es ahora. Antes, había estado luchando por reclutar miembros, pero una vez que se publicó un artículo en un periódico de Austin acerca de nuestro "club de cultura" cerca de quinientas latinas se comunicaron conmigo para decirme: *También yo estoy buscando conectarme con otras latinas, y estoy feliz de haber encontrado este grupo.* Sus madres, hermanas, primas, amigas y miembros de la familia extendida comenzaron a escribir o llamar para preguntar acerca de la forma de iniciar Las Comadres en sus ciudades.

Creo que la convergencia de los siguientes tres elementos hizo que se lograra una expansión que superaba en mucho nuestros más ambiciosos sueños: la creciente consciencia del Internet y de su uso por parte de las comadres potenciales; la disponibilidad de la experiencia necesaria para instalar y mantenerlos sistemas tecnológicos necesarios para la viabilidad del proyecto a largo plazo; y el elemento personal; el tiempo y la voluntad de invertir para que llegara a ser un éxito (es decir, mi pasión por esta organización y el apoyo técnico y financiero de mi esposo ¡a medida que comenzó a consumir nuestras vidas!).

Cuando comencé a conectarme con las latinas más cercanas de mis alrededores, solían salir de las reuniones diciendo que lo que allí ocurría "les llenaba el alma" hasta la siguiente reunión. Cuando comencé a viajar a otras ciudades para empezar grupos de comadres, conocí muchísimas personas que me decían que habían tenido esta misma idea desde hace mucho tiempo. No habían empezado a establecer una red semejante porque en realidad, mantener unido a un grupo e irlo desarrollando requiere, en realidad, mucho trabajo. Luego, conocí otras mujeres que en realidad establecieron grupos de comadres en sus comunidades. Uno de estos grupos tiene ya cuarenta años de existencia. La mayoría de estos grupos eran pequeños y deseaban mantener las conexiones íntimas entre sus miembros originales, aunque estaban interesados en unirse a nuestra red más amplia para beneficiarse de lo que podíamos ofrecerles.

Aunque nuestro entorno es principalmente angloparlante, las reuniones con otras mujeres que tienen vínculos o aprecian los dichos, los chistes y las canciones en español, contribuyen a establecer conexiones instantáneas de una forma que no es posible con otras personas dentro de la cultura dominante. Por ejemplo, podemos ser totalmente extrañas unas para otras, pero si se hace referencia a algo relacionado con *chanclas,* en todas nosotras comienzan a surgir imágenes y recuerdos similares. Creo que es esto lo que nos hace seguir asistiendo a los comadrazos. Podemos contar con estas experiencias que nos conectan a nuestra gente, a nuestro idioma, a nuestro humor y a nuestras raíces.

Como muchos lo saben, durante los años cincuenta y sesenta, la herencia mexicana no se reconocía ni se representaba en forma positiva en nuestros colegios, ni siquiera a nivel universitario. Por lo tanto, tuve poco contacto con la historia o la literatura de los mexicano-americanos. A través de Las Comadres, tuve una conciencia muy clara de lo que llegaría a conocerse como la literatura latina norteamericana. Entre más leía, más aprendía acerca de los múltiples aspectos de las culturas latinas y era mayor mi compromiso en difundirlas. En 2006, comenzamos una serie de teleconferencias de autores de literatura latina y en 2008 nació el club de libros. Las Comadres y la American Association of Publishers hicieron una sociedad para crear Las Comadres and Friends National Latino Book Club and Teleconference Series. Cada mes, el club de libros selecciona un libro escrito por un autor latino, publicado en ese año. Los clubs leen el libro y se reúnen para comentarlo y, al final del mes, todos los miembros pueden llamar por teléfono para oír mi conversación con el autor durante una teleconferencia en vivo. Me satisface y agradezco que haya hoy tantas de nosotras esforzándose por apoyar a los autores latinos.

Esta antología de historias de comadres es sólo el comienzo. Tenemos mucho que dar, mucho que aprender unas de otras. Juntas, podremos forjar el futuro.

—Nora de Hoyos Comstock, PhD

RECETAS DE DAISY MARTÍNEZ PARA "CLASES DE COCINA"

"O.S.S.M.": Old-School Stuffed Mussels (Mejillones rellenos a la antigua) *(Daisy: Morning, Noon and Night)*

Pechugas de pollo rellenas con plátano y champiñones con salsa de mango y tocineta *(Daisy's Holiday Cooking)*

Repollitas de Bruselas al hinojo *(Daisy's Holiday Cooking)*

Strudel de banana y dulce de leche *(Daisy: Morning, Noon and Night)*

"O.S.S.M.": Old-School Stuffed Mussels (Mejillones rellenos a la antigua)

❖

Esta es una tapa tradicional que se pueden encontrar en prácticamente cualquier restaurante español tradicional, como El Quijote, al lado del Hotel Chelsea en Manhattan. El relleno de los mejillones es cremoso y contiene trocitos de jamón y champiñones. La corteza dorada y crujiente es hermosa a la vista y produce una maravillosa sensación al morderla. Requieren algo de atención a último momento para que queden crujientes, fritándolos en aceite, pero el relleno puede prepararse (y debe prepararse) con unas horas de antelación.

RECETA PARA UNOS 40 MEJILLONES RELLENOS * TIEMPO DE PREPARACIÓN: 30 MINUTOS (MÁS EL TIEMPO DE ENFRIADO) * TIEMPO DE COCCIÓN: 10 MINUTOS

PARA LA SALSA BECHAMEL
3 cucharadas de mantequilla sin sal
3 cucharadas de harina de trigo multiusos
1 taza de leche

PARA LOS MEJILLONES
1 libra de mejillones pequeños bien lavados y sin barbas

2 cucharadas de aceite de oliva
⅓ de taza de cebolla amarilla en cubos pequeños
2 dientes de ajo, molidos
1 taza de champiñones blancos o cremini finamente picados
3 onzas de jamón serrano o prosciutto tajado (en tajadas de ⅛ de pulgada) cortado en pequeños

cubos (aproximadamente	*Sal Kosher o sal marina fina*
⅓ de taza)	*1 huevo*
2 cucharadas de perejil de hoja	*1 taza de miga de pan, y más, si*
lisa fresco picado	*fuere necesario*
1 cucharada de jerez seco	*Aceite de canola, para freír*

1. Para preparar la béchamel: derretir la mantequilla en un sartén mediano a fuego medio o bajo. Mezclar suavemente la harina y cocinar hasta que la mezcla esté suave y burbujeante pero sin tomar ningún color, unos 3 minutos. Verter la leche en la mezcla, rebullendo constantemente hasta que quede suave. Dejar conservar y cocinar, rebullendo constantemente hasta que la salsa espese y quede brillante, unos cuatro minutos. Retirar del fuego y reservar.

2. Verter ½ pulgada de agua en un sartén más grande. Dejar hervir, agregar los mejillones y cubrir el sartén. Dejar conservar rebullendo ocasionalmente el sartén, sólo hasta que los mejillones se abran, de 3 a 4 minutos. Escurrir los mejillones y desechar el líquido de cocción. Sacar los mejillones de las conchas y abrir cada concha en dos mitades. Colocar las conchas en hileras en una bandeja de hornear. Picar los mejillones en trozos gruesos, ponerlos en un tazón pequeño y reservarlo.

3. Calentar el aceite de oliva en un sartén pequeño a fuego medio. Agregar la cebolla y el ajo y dejar conservar, revolviendo hasta que la cebolla esté blanda pero no dorada, unos 4 minutos. Agregar los champiñones y dejar conservar rebullendo hasta que se evapore todo el líquido que han soltado. Revolver a esta mezcla el jamón y el perejil y cocinar por

un minuto. Agregar el jerez al sartén y cocinar hasta que se evapore. Verter toda la mezcla de la cebolla en el tazón donde están los mejillones y sazonarlos levemente con sal. Mezclarles dos cucharadas de salsa béchamel. El relleno puede prepararse hasta con un día de anticipación. Cubrir bien tanto el relleno como la salsa béchamel restante y refrigerarlos.

4. Rellenar tantas conchas de los mejillones como se pueda, con el relleno, asegurándose de que éste vaya de un lado a otro de la concha con una ligera protuberancia en el centro. Con la salsa béchamel restante y con una cuchara pequeña, cubrir el relleno de cada concha con una capa uniforme de béchamel, apenas lo suficientemente gruesa para tapar completamente el relleno. Dejar enfriar los mejillones durante al menos 15 minutos, o hasta unas pocas horas para que la salsa béchamel se ponga firme.

5. Recubrir los mejillones: batir bien el huevo en un tazón pando. Poner la miga de pan bien distribuida sobre un plato pando. Tomando cada concha por los bordes, sumergir sólo el relleno cubierto por la béchamel en el huevo batido, sostener el mejillón sobre el huevo batido por uno o dos segundos para eliminar el exceso, y luego pasar la parte cubierta de huevo por la miga de pan para cubrir totalmente el relleno. Volver a colocar las conchas en la lata de hornear, con el lado de la miga de pan hacia arriba, a medida que se va recubriendo cada mejillón. Una vez que todos los mejillones estén apanados, deberán hornearse dentro de los 30 minutos siguientes.

6. Calentar 3 pulgadas de aceite vegetal en un sartén amplio y grueso, a fuego medio, hasta que la punta del mango de una

cuchara de palo metida en el aceite produzca una constante hilera de burbujas (lo que equivale a una temperatura de cerca de 350º F). Ponga en el sartén, con el lado apanado hacia abajo, sólo los mejillones que quepan sin quedar muy apretados y fríalos hasta que la miga de pan quede de un color café dorado, y el relleno se caliente por completo unos cuatro minutos. Si la miga de pan comienza a dorarse antes de ese tiempo, habrá que bajar el calor y esperar unos minutos antes de freír el resto. Escúrralos por un momento en toallas de papel y fría los mejillones restantes. Deben servirse calientes.

Pechugas de pollo rellenas con plátano y champiñones con salsa de mango y tocineta

RINDE 6 PORCIONES

El ave de preferencia para el Día de Acción de Gracias es el pavo. Si no le entusiasma el pavo, o si piensa que su grupo es demasiado pequeño para complicarse preparando un pavo entero, o si simplemente no le gusta el pavo, puede ser hora de prestarle atención a otro tipo de ave totalmente distinto. En este caso, una pechuga de pollo rellena con champiñones salteados y plátanos maduros, bañada de una salsa dulce y ahumada.

Le diré, para empezar, que este plato requiere dedicarle tiempo a la cocina. También le diré que ese tiempo puede prolongarse hasta tres días antes de la cena. Cuando llegue la hora, lucirá como una profesional cuando, sin ninguna prisa, reúna todos sus elementos ya listos para un plato principal realmente especial (Sin mencionar que la salsa *mejora* después de un par de días).

Ya sea que esté preparando las pechugas de pollo rellenas o la versión simple que presento a continuación, para este plato se necesita que la pechuga tenga la piel intacta, la piel crocante después de que se ha sellado en el sartén es una delicia con la sedosa salsa y el sabroso puré de plátano a medio machacar.

PARA LAS PECHUGAS DE
POLLO RELLENAS
Puré de plátano maduro

Picadillo de champiñones
3 pollos de 3½ libras (preferible
de granja y/u orgánicos)

Sal Kosher o sal marina fina y
pimienta molida fresca
4 tallos de apio cortados y picados
en trozos no muy pequeños
3 dientes de ajo picados en trozos
no muy pequeños
¼ de taza de harina de trigo
multiusos
6 tazas de caldo de gallina hecho
en casa o comprado
2 ramas de tomillo fresco
1 hoja de laurel

PARA LA SALSA DE MANGO
CON TOCINETA

12 onzas de tocineta en
lonjas, sin la piel, cortada

en cubos de ½ pulgada
(aproximadamente 2 tazas)
1 cebolla grande cortada en dos
y luego cortada en tajadas
gruesas
2 zanahorias peladas y picadas
gruesas
1 cucharadita de mostaza negra
en grano
1½ tazas de néctar de mango
(ver nota)
2 cucharadas de vinagre de vino
blanco
2 cucharadas de aceite de
oliva
Repollitas de Bruselas al hinojo
para servir

1. Preparar el *picadillo* y el puré de plátano maduro, el *picadillo* puede hacerse hasta con 3 días de anticipación y los plátanos pueden machacarse el día anterior.

PREPARACIÓN Y CORTE DE LOS POLLOS:

2. Lave bien las menudencias y los cuellos, exceptuado los hígados y resérvelos para la salsa. Use los hígados para otro plato o deséchelos.

3. En cada pollo, busque el centro del hueso de la pechuga para encontrar el hueso delgado que separa las dos mitades de esta presa. Con un cuchillo de hoja fina corte a lo largo

de un lado de este hueso y hacia abajo por las costillas. Retire la carne de la pechuga del hueso del centro para poder tener una mejor visualización de lo que está haciendo. Con la punta del cuchillo, comience a separar la carne de la pechuga de los huesos de las costillas. Continúe haciendo esto siguiendo la curva de las costillas hasta llegar a la articulación donde el ala se conecta con el hueso de la pechuga. Corte por debajo de la piel a lo largo de la columna, pero sin cortar bajo la piel que conecta la pechuga al muslo. (Eso lo entenderá más adelante). Cuando llegue al punto en el que el hueso del ala se conecta al hueso de la pechuga, doble el ala hacia la parte de atrás del pollo para tener una buena visualización de la articulación. Corte la articulación para separar el ala del hueso de la pechuga. Ahora tiene una pechuga deshuesada, que aún tiene la piel (con el ala prendida) que sigue unida al muslo por la piel. Pase la punta de su dedo bajo la piel del muslo para separar la piel de la carne. Deslice hacia atrás la piel de la pata dejando la piel unida a la pechuga. Corte tanta piel del muslo como pueda, asegurándose de dejarla unida a la piel que cubre la pechuga. Corte la punta del ala y la articulación media del ala dejando la primera articulación del ala unida a la pechuga (esto es lo que se conoce como pechuga de pollo francesa).Tendrá ahora una pechuga de pollo deshuesada con una considerable cantidad de piel adicional (del muslo) unida por el borde y por la primera falange del ala al otro extremo. Retire la grasa o los cartílagos que tenga la pechuga y repita esta operación con la otra mitad de la pechuga. Cuando termine de retirar los dos lados de la pechuga, retire las patas doblándolas hacia atrás para exponer las articulaciones que conectan las patas con la columna vertebral. Corte a través de la piel, la carne y esas articulaciones para retirar las patas. Guarde las patas y las partes que retiró de las alas para otro uso. Retire la grasa y la piel de los huesos de las pechugas y las columnas vertebrales de los tres pollos y con un cuchillo de hoja gruesa o con un hacha de cocina corte los huesos en trozos manejables. Reserve los huesos para la salsa.

CORTAR EN MARIPOSA Y RELLENAR LAS PECHUGAS DE POLLO:

4. Para cortar las pechugas en mariposa, comience en el lado más grueso y ancho de cada pechuga y practique un corte horizontal atravesando casi completamente la pechuga, deteniéndose justo antes de cortar a través del lado delgado de la pechuga. Sazone ambos lados de las pechugas con sal y pimienta. Retire la primera pechuga del pollo cortando a lo largo de un lado del hueso de la pechuga hacia abajo por las costillas. Corte a través de la articulación que une el ala al hueso de la pechuga hacia abajo por las costillas. Corte a través de la articulación que une el ala al hueso de la pechuga. Deslice hacia atrás la piel de la pata pero deje la piel adherida a la pechuga. Para cortar en mariposa las pechugas deshuesadas, haga un corte horizontal a través de la pechuga comenzando con el lado más ancho, más grueso y más largo de la pechuga.

5. Tome ¼ de taza de puré de plátano y forme un rollo de más o menos dos pulgadas de largo. Repita esta operación hasta tener un total de seis rollos y resérvelos. Abra una de las

pechugas de pollo cortada en mariposa colocando uno de los lados largos cerca a usted. Esparza ¼ de taza de *picadillo* de champiñones sobre la superficie de la carne, dejando aproximadamente ½ pulgada de borde a todo alrededor. Coloque uno de los rollos de plátano a lo largo del borde de la pechuga que tiene más cerca de usted. Enrolle la pechuga de pollo doblando hacia adentro los extremos a medida que vaya enrollando para hacer un pequeño paquete uniforme con la articulación del ala protruyendo en un extremo. Quedará una pequeña porción de piel en el lado más apartado de usted —alíselo y colóquelo en su lugar para cubrir la unión y para cubrir también la mayor parte posible de la parte de la pechuga y hacer un empaque aún más pulido. Con el lado de la unión hacia abajo, amarre la pechuga rellena a intervalos de una pulgada con cordel de cocina. Repita la operación con las demás pechugas, con el *picadillo* de champiñones y con los rollos de plátano. Tocando suavemente las pechugas con toallas de papel séquelas bien. Los pollos pueden deshuesarse y sazonarse hasta dos días antes de cocinarlos. Y las pechugas pueden rellenarse con varias horas de anticipación. Guárdelas refrigeradas en un recipiente con tapa.

SALSA DE MANGO CON TOCINETA:

6. Ponga los cubos de tocineta en un sartén o una cacerola para brasear o sudar y vierta sobre ellos ¼ de taza de agua. Cocínelos a fuego alto hasta que el agua se haya evaporado casi por completo, luego baje el calor a medio o bajo. *(Brasear la tocineta con una pequeña cantidad de agua ayuda a sacarle*

parte de la grasa. Para cuando el agua se haya evaporado, la tocineta estará dorándose suavemente en su propia grasa). Cocine hasta que la tocineta esté ligeramente dorada y el fondo del perol brille con pequeñísimos trozos dorados pegados a él, aproximadamente 6 minutos. Agregue la cebolla, las zanahorias, el apio y el ajo y cocine rebullendo con frecuencia para que los vegetales no se peguen ni se doren, hasta que la cebolla esté blanda pero no color café, unos 10 minutos.

7. Agregue los huesos de pollo que dejó reservados y las menudencias y cocine rebullendo con frecuencia hasta que los huesos empiecen a tomar un color café y la cebolla esté bien dorada, aproximadamente 10 minutos. Golpeé alrededor del fondo del sartén a medida que revuelva para asegurarse de que los huesos y las verduras no se estén pegando y quemando mientras se cuecen. Espolvoree la harina sobre los huesos y los vegetales y rebulla hasta que no pueda ver rastros blancos. Agregue el caldo y el tomillo, el laurel y los granos de mostaza. Deje hervir, rebullendo para desprender los pequeños trozos café que se hayan quedado pegados al sartén. Baje el calor para que la salsa se conserve y agregue el néctar de mango y el vinagre. Cocine hasta que la salsa esté ligeramente espesa, suave y de un color café intenso, aproximadamente 45 minutos. Revuelva ocasionalmente para evitar que se pegue, especialmente en las esquinas del sartén. Cuele la salsa por entre una coladera muy fina. La salsa puede permanecer a temperatura ambiente hasta por dos horas o se puede refrigerar hasta por tres días. En cualquier caso, será necesario recalentarla a fuego bajo, agregando agua, una cucharada a la vez, para devolverle su espesor original.

8. Aproximadamente 35 minutos antes de estar lista para servir las pechugas de pollo, precaliente el horno a 400° F. Cuando alcance esa temperatura, caliente las 2 cucharadas de aceite de oliva a fuego medio a alto en un sartén antiadherente grande y grueso, que pueda ir al horno. Asegúrese de que las pechugas de pollo estén secas e introdúzcalas cuidadosamente en el aceite. Cocínelas, girándolas si fuere necesario, hasta que estén perfecta y hermosamente doradas por todos lados, aproximadamente unos 10 minutos. Ponga el sartén en el horno y déjelo allí hasta que el pollo esté bien cocinado y el relleno esté caliente, unos 20 minutos. *(La mejor forma de comprobar si están listas es utilizar un termómetro de lectura instantánea. La temperatura al centro mismo del relleno debe alcanzar 150° F).*

9. Deje reposar las pechugas de pollo durante unos 5 minutos. Mientras tanto, cocine y prepare las repollitas de Bruselas y asegúrese de que la salsa del pollo esté caliente.

10. Para servir: corte el cordel de las pechugas de pollo. Taje las pechugas en diagonal en 4 o 5 tajadas cada una. Disponga las tajadas ligeramente superpuestas a un lado de cada plato. Sirva con una cuchara unas repollitas de Bruselas del otro lado del plato. Bañé con suficiente salsa el pollo tajado para cubrirlo y formar un pequeño redondel de salsa en el plato. Sirva de inmediato.

Nota: El néctar de mango es un jugo pulposo extraído de mangos frescos. Se consigue fresco, en cajas, en algunos mercados latinos y tiendas naturistas o en botellas, cajas o tarros en muchos supermercados.

Puré de plátano maduro

RINDE CERCA DE 4 TAZAS

Tal vez deba empezar por explicar qué es *mofongo* antes de decirle por qué no se parece realmente a este. El *mofongo* comienza con plátanos verdes (es decir, que aún no han madurado y tienen almidón), plátanos que se cocinan y luego se machacan con ajo, chicharrón de cerdo molido y la grasa que se obtiene de hacer el chicharrón, para formar un puré grueso y crujiente. No es comida dietética. Sí es delicioso.

Cuando hice por primera vez esta simple mezcla de plátanos maduros como relleno para las pechugas de pollo, herví los plátanos hasta que estaban absolutamente tiernos y los machaqué hasta que quedaron suaves. Luego ensayé una versión con plátanos no tan tiernos, machacados no muy finamente, como el *mofongo*, y pude ver que la textura era mucho mejor.

Si el ave que va a preparar es un pavo entero, sirva este puré como un acompañamiento inesperado, junto con la salsa de arándano y la salsa que se usa habitualmente con las aves. O prepare un poco de este puré, no parecido al *mofongo* y sírvalo con huevos fritos, chorizo y cebolla en encurtido para el desayuno en una fría mañana de otoño.

3 plátanos medianos (ver nota), pelados y cortados en 3 piezas cada uno	*2 cucharadas de mantequilla sin sal*
	Pimienta fresca molida
	Sal Kosher o sal marina fina

1. Ponga los plátanos en un sartén mediano y agregue agua suficiente para cubrirlos de manera que queden unas dos pulgadas por debajo del agua. Agregue una cucharadita rebosante de sal y deje hervir a fuego alto. Gradúe el calor de modo que el agua no hierva. Cocine hasta que se puedan chuzar fácilmente los plátanos con un cuchillo de mondar, pero que todavía tengan cierta textura, aproximadamente 6 minutos.

2. Escurra los plátanos y deje que se sequen al aire por unos minutos. Póngalos en el procesador de alimentos junto con la mantequilla y dos cucharadas de agua. Procéselos con pulsos muy rápidos de encendido y apagado, sólo hasta que los pequeños trozos de plátano comiencen a suavizarse. La textura debe ser áspera y todavía deben poderse ver los trozos de plátano en el puré. Viértalos en un tazón y sazónelos con sal y pimienta al gusto. Sírvalo caliente.

Nota: La cáscara de los plátanos debe estar prácticamente negra con algunas vetas amarillas. Los plátanos deben ceder un poco al presionarlos con el pulgar.

Picadillo de champiñones

❧

Para los franceses, esto es lo que se conoce como *duxelles*, una simple mezcla de champiñones y elotes o escalonias. En mi mundo me recuerda el *picadillo*, el plato de carne de res (o de cerdo) bien sazonada que se come así o se utiliza como relleno para empanadas, vegetales o croquetas.

Si no le disgusta picar, triplique la receta (cocinar cada tanda por separado), congele dos terceras partes y estará lista para unas croquetas con champiñones y mucho más: use estos champiñones para darle mayor sabor a una sopa o un sudado, o como un relleno para empanaditas, o simplemente revuelva unas cuantas cucharadas en su siguiente olla de arroz blanco.

1 paquete de 14 bolsas de
champiñones blancos
2 cucharadas de aceite de oliva
2 pequeños echalotes finamente
picados

Sal Kosher o sal marina fina
Pimienta fresca molida
Jugo de limón

1. Limpie las cabezas de los champiñones con una toalla de papel húmeda. Corte las cabezas en dos y luego tájelas en cortes delgados y píquelas finamente meciendo el cuchillo hacia adelante y hacia atrás sobre ellos, un montoncito a la vez. Saldrán unas 8 tazas. *(Este es un trabajo que se hace por amor. Puede tener la tentación de picar los champiñones en un*

procesador de alimentos pero eso los deja demasiado flojos y al final no le dan ese lindo color dorado de la textura un poco irregular de los champiñones picados a mano).

2. Caliente el aceite en un sartén grande a fuego medio a alto. Agregue los echalotes y cocínelos revolviendo hasta que se ablanden, unos 3 minutos. Agregue los champiñones y revuelvan hasta que suelten suficiente líquido para recubrir el fondo del sartén. Baje el calor a medio a bajo y cocínelos hasta que se haya evaporado el líquido y los pequeños trozos de champiñones estén separados, casi esponjosos. Sazone con sal y pimienta y suficiente jugo de limón para darle un agradable toque ácido. El *picadillo* puede mantenerse en el refrigerador hasta por 4 días o en el congelador hasta por dos meses.

Repollitas de Bruselas al hinojo

Todos sabemos que cocinar demasiado las repollitas es lo peor que les podemos hacer. Aquí estoy dando un giro de 180 gradas y estoy sugiriendo que las cocine durante unos minutos. Al tajarlas finamente, esto es posible. Sazonar las repollitas con semillas de hinojo les da un sabor delicioso.

2 cajas de 1¼ libras de repollitas de Bruselas sueltas
2 cucharadas de aceite de oliva

1 cucharada de semillas de hinojo
Sal Kosher o sal marina fina
Pimienta fresca molida

1. Corte el pequeño tallo de cada repollita. Corte en dos las repollitas y luego corte cada mitad con la parte plana hacia abajo para que no se muevan, en finas tajadas (de más o menos ⅛ de pulgada). Tendrá aproximadamente 7 tazas de repollitas desmenuzadas. Las repollitas pueden cortarse varias horas antes de cocinarlas.

2. Caliente el aceite en un sartén grande grueso, a fuego medio a alto. Agregue las semillas de hinojo y cocine hasta que tengan un excelente aroma y suenen mientras se doran. Agregue las repollitas finamente cortadas y cocínelas volteándolas y revolviéndolas hasta que se aflojen y tomen un color verde brillante, en unos 4 minutos. Retire el sartén del fuego y sazone con sal y pimienta al gusto. Sírvalas calientes.

Strudel de banana y dulce de leche

❖

La hermana de mi amiga Paula, María *Grande* (para diferenciarla de su hermosa hija, María *Chiquita*), hizo reservaciones para que saliéramos a comer a un restaurante en Buenos Aires llamado Social Paraíso. El postre se llamaba *delicia tibia de banana* y parecía un "cigarro" de pasta filo, con un centro de banana caliente y un glaseado de dulce de leche.

RECETA PARA 12 PORCIONES * TIEMPO DE PREPARACIÓN: 30 MINUTOS * TIEMPO DE COCCIÓN: 30 MINUTOS

6 bananas maduras

El jugo de 1 limón

1¼ tazas de azúcar

½ taza más 2 cucharadas de crema espesa

4 cucharadas de mantequilla sin sal

¼ de cucharadita de canela molida

1 taza de nueces pecanas picadas gruesas

16 hojas de masa filo

6 cucharadas de mantequilla sin sal derretida

1 taza de galletas de almendras de textura seca finamente desmoronadas (como Stella D'Oro), tostadas, con amaretto o anís

1. Se cortan los bananas a lo largo en 4 partes, luego se cortan al través en trozos de más o menos ½ pulgada. Se sacuden dentro de un tazón con jugo de limón y se reservan.

2. Con el azúcar y ¼ de taza de agua se hace un caramelo. Tan pronto como el caramelo esté listo, se retira el sartén del fuego y (¡con cuidado!) se vierte la crema en el sartén. Esto

produce burbujas, que luego desaparecen. Tan pronto como resulte seguro, se bate el caramelo hasta que esté suave y cremoso. Se vuelve a poner el sartén a fuego bajo y se le bate la mantequilla una cucharada a la vez. Se le revuelve la canela y se deja a un lado para que se enfríe por poco tiempo.

3. Se agregan el caramelo y las nueces de pecana a las bananas y se revuelve bien pero suavemente. Se reserva.

4. Se precalienta el horno a 375º F. Se forra una lata de hornear con papel pergamino.

5. Se extienden las hojas de masa filo sobre una superficie de trabajo y se cubren con un limpión húmedo. Se retiran dos hojas de pasta filo, se ponen sobre una toalla limpia y seca y se barniza la parte superior de la hoja de masa con mantequilla derretida. Se esparcen unas dos cucharadas de galletas molidas sobre la mantequilla. Se repite esta operación otras tres veces hasta completar 4 capas de masa filo con mantequilla y galletas. Con una cuchara se pone la mitad de la mezcla de bananas en el centro de la hoja superior de filo, dejando al menos 1 pulgada de margen en los dos extremos cortos y unas 2 pulgadas en los lados largos. Utilizando la toalla, se pliegan los lados largos de la masa filo sobre el relleno y luego se pellizcan los extremos para unirlos y sellarlos. El tronco así formado se pone en la lata de hornear que se ha preparado y los bordes del papel pergamino se meten debajo del rollo. Se repite el proceso para armar otro strudel.

6. Se pintan los strudels con mantequilla y se hornean hasta que queden dorados y crujientes en la parte superior, de 25 a 30 minutos. Se sirven calientes o a temperatura ambiente, se cortan en tajadas al través.